JN046349

[改訂版]
〈仏検2級・準2級・3級対応〉

フランス語 重要表現・熟語集

久松健一 著
Pascale MANGEMATIN 校閲

SURUGADAI-SHUPPANSHA

カバー版画
怒れる猫工房

本書をお使いになる皆様へ

“よし，この本を書こう”と決めたのは，学生たちとの対話がきっかけでした．現在市販されている熟語集を使っても仏検受験に必須の**「重要表現・熟語」や「前置詞」「語法」が効率的にマトメられている1冊が見当たらない**という嘆息が，私を動かしたのです．「授業中に重要表現や熟語が教えられることは稀で，ほとんど文法と講読に終始している」という不平も決定打になりました．

フランス語をモノにするには，文法・語法を含めて多様な角度からの学習が必要になります．事実，仏検では「読み」「書き」「聞き」「話す」能力がさまざまな観点から問われます．ところが，フランス語学習者の大半は上記のように文法中心・講読中心の講義を受けており，なかなかフランス語への複眼が養いにくくなっています．そうした現状へのじくじたる思いを少しでもなくしてもらい，フランス語に複眼で迫るきっかけをつくりたい，そんな思いで本書を書き下ろしました．

この本の利用法として，第1部で「重要表現・熟語」をチェックした後，第2部「75題+250題・精選問題」で蓄積した知識を確認していく方法がお勧めです（ただし，すでにある程度の熟語を獲得なさっている方は，逆に「精選問題」を解きながら第1部を確認する方法が有効でしょう）．第1部・2部ともに，仏検に出題された問題の徹底的な分析をおこない，語彙の頻度順等々勘案しながら，重要表現・熟語を整理した結果ですので，**確実に仏検に対応したフランス語の実力が養える**こと請けあいです．

本書が読者の皆様の**フランス語への複眼を育てる**お役にたてるならば幸いに思います．

著者しるす

さらに一言　〈木を見て森も見て！〉

次の (1) (2) で正しい文章はどちらですか？
(1) 鈴木さんは，ガレージ〈に〉車をいれた.
(2) 鈴木さんは，ガレージ〈へ〉車をいれた.

数年前に日本語検定2級に挑戦していたY氏（カナダ人）から上記の質問を受けたことがあります．日本語の検定問題集に載っている助詞の設問なのだそうですが，さて，あなたならどちらを正しいとしますか.

おそらく，どちらでも状況に応じて使えるというのが大方の解答なのではないでしょうか.

では，次の問題にはどう答えますか.

手元の辞書を引き（　　）内に入る適当な前置詞を入れなさい.
Il n'est pas indulgent (　　) ses enfants.

市販されている仏和辞典で“indulgent”「寛大な」を引くと，大半の辞書に「(人が) pour, à, envers に対して」と記されています．ところが，仏仏辞典には“à”が掲載されているものは稀で，多くは avec を載せています.

いささか持ってまわった書き出しで恐縮です．私が本書をお使いになる皆様にお伝えしたかったのは，前置詞（日本語の助詞：後置詞に相当）の問題は簡単には解決がつかないという点です．そもそも，文章全体の流れのなかで，さらに言えば，シチュエーションや話者の力点のかけかた等で，前置詞はAでもBでも言い換えが可能なわけで，その意味から，（　）内に前置詞の適語を入れるという問題は，本来，その問い自体が〈？〉を拭いされない性質のものなのです．また，市販の辞書でさえ上記のような点に疑問点が見つかります.

そして，本書もまたある種の弊害を含んでおり，場合によっては誤解を招くケースがあるかもしれません．たとえば，“avoir besoin de *qch*”「～が必要である」（本書 p.41）を確認した後で，こんな問題に遭遇したとします.

(　　) 内に適当な1語を書きなさい.

Votre jupe a besoin (　　) un coup de fer.

あなたのスカートにはアイロンがけが必要です.

もちろんここに“de”と入れることはできません. エリズィオンが起こりますから“d'”が正答です. では, 次のような場合はどうでしょうか. “dans la direction de *qch*”「～の方向に」(本書 p.126) と暗記した後で, 以下の問題に出くわしたようなケースです.

(　　) 内に適当な前置詞を入れなさい.

On m'a chargé (　　) la direction de l'équipe.

この文を「私はそのチームの監督を委任された」と理解できれば, charger *qn* de *qch*「人に～を委任する」(本書 p.73) の形から“de”を入れることができます. でも, “dans la direction de *qch*”にこだわっていると誤答が生じることになります.

つまり, 本書には“木を見て森を見ない「(　) だけを見て文章を見ない」”というリスクを読者が冒す危険性がつきまとっているのです. その意味から, 本書では重要表現・熟語の部分だけでなく, 例文にもチェックマークをつけています. 文章のなかで熟語は生きているという当然のことをいつでも意識していてほしいからです.

それに,「すべてをなんとしても覚えこむ!」といった妙な力みは捨ててほしいと思います. 本書を手にとられた方々は, フランス語に, フランス文学に, あるいはフランスという国そのものに少なからぬ関心を寄せておいでの方たちであるはずです. そうした関心を後押しするためのひとつの手段として本書はあるわけですから, 苦痛を感じながら「頑張って丸暗記する!」といった, いわば受験フランス語のような発想は持ってほしくないのです.

掲載されている表現の6割程度がモノになれば, 仏検で合格ラインに到達するはずです. 片意地はらずに, リラックス. そんな気持ちで, ゆっくり本書と付きあっていただけたらと願っています. 表現の確認用として使っていただいても, 辞書がわりにお使いいただいても, 問題集として使われても, とにかく, あなたのフランス語への関心を深める1冊であれば, 本書を書き下ろした意味があるのですから.

目　次

本書で使用した用語・記号の説明

(1)《＊注意》は，見出しの熟語（前置詞等を含む）の語法・語彙に関する注意事項や混同しやすい他の用例との比較説明を主とする．例文の語彙や文法についての説明も含む．

(2)《⇨》は例文に用いた表現に関する補足，あるいは本書内の参照番号を示す．

(3)《*cf.*》は見出し語あるいは例文中の表現に関連した比較・対照表現の指示．

(4)《＝》は見出し語（例文を含む）と同意・類義の熟語，あるいは類似表現を指す．

(5)《⇔》は見出し語（例文を含む）と反対の意味を持つ熟語・表現を指す．

(6) 点線は一括して対照するのが望ましいと判断した熟語，語彙，基本表現等をマトメた箇所．

(7) 熟語単語内の〔　〕は置き換えが可能なとき，（　）は省略可能なときに用いている．

例：séparer A de [d'avec, et] B は，

→ séparer A de B

→ séparer A d'avec B

→ séparer A et B の 3 つの形をとれるという意味．

例：avoir (un) rendez-vous avec *qn* は，

→ avoir rendez-vous avec *qn*

→ avoir un rendez-vous avec *qn* と不定冠詞を入れる形と，入れない形があるという意味．なお，*qn* / *qch* の表記は *qn* も *qch* も置けるという意味．あわせて形容詞の女性形は必要に応じて（　）にて示している．

(8) 訳文についてはまぎらわしさを避けて (7) の区別をしていない．〔　〕は補足説明，（　）は言い換え可（別訳）の意味で使用した．

(9) *qn* ⇨ quelqu'un　人

qch ⇨ quelque chose　物（何）

inf. ⇨ infinitif　不定法（不定詞）

＊なお，本書中に重複して掲載している重要表現・熟語の訳語はあえて統一を避けた．訳語を限定しないことで，多様な訳の広がりを意識してほしいとの考えからである．

仏検 3 級対応

（2 級準備レベルを含む）

3 級レベルの「重要表現・熟語」をチェックする前に「(練習問題) 3 級準備レベル」(pp.144–159)を確認なさるようお勧めします.

重要前置詞の用法チェック

à　「位置」（空間的・時間的）を示す用法から展開.

001〔場所・方向〕～に，～で，～へ

☐ **Il habite à Paris depuis longtemps.**

彼はずっと以前からパリに住んでいる. ⇨ habiter à＋都市

＊注意：à は場所を地図上の 1 点として捉える視点で，場所（空間）での活動が暗示される文脈に用い，空間の広がりを意識するときには dans になる.
cf. habiter dans Paris「パリの町なかに（パリ市内に）住む」

☐ **Ma mère est née au Canada.**

母はカナダで生まれた. ⇨ au＋(子音で始まる）男性国名

＊注意：複数の国名には aux ⇨ aux Etats-Unis「アメリカ合衆国に(で)」
女性国名・母音ではじまる男性国名には en ⇨ en France「フランスに(で)」
なお"—e"の綴りで終わる国は女性名詞（例外：Mexique, Cambodge など），その他の綴りで終わる国は男性名詞になる.

☐ **Prenez la deuxième rue à droite.**

２つ目の道を右に曲がってください.

⇨ prendre は他動詞. 単に「右に曲がる」は tourner à droite.
cf. à gauche「左に」, tout droit「真っ直ぐ」

002〔時間・時期〕～に，～の時に，～まで

☐ **A quelle heure vous couchez-vous ?**

あなたは何時に寝ますか.

☐ **Au printemps, les cerisiers sont en fleurs.**

春には桜が花盛りだ. ⇨ 春以外の季節には en 020

＊注意：en fleur(s)「花が咲いている」. なお複数形 fleurs を誤用としている辞書もあるが，実際にはよく用いられる.

☐ **Elle travaille du matin au soir.**

彼女は朝から晩まで働く.

⇨ de A à B「A から B まで〔へ〕」 時間・場所・数値等に用いる.

003〔手段・方法・様態・準拠〕～で，～によって，～によれば

☐ **Elle est allée en ville à bicyclette.**

彼女は自転車で街に出た. ⇨ en ville「町（街）に,（自宅でなく）外で」

＊注意：上にまたがる乗物のときには à ⇨ à moto「オートバイで」
中に乗る乗物の場合には en ⇨ en voiture「車で」
ただし，話し言葉（くだけた表現）では前者にも en を用いる傾向がある.
なお，交通機関には par も使われる ⇨ par le train「列車で」
「～の中へ」を明示すると dans ⇨ monter dans le train「列車に乗り込む」

☐ **Mon père parlait à haute voix [à voix haute].**

父は大声で話していた. ⇔ à voix basse＝à mi-voix「小声で」

cf. avoir de la voix「よく通る声をしている」

004〔単位・数量〕～につき，～で

☐ **Cette voiture a fait du 200 kilomètres à l'heure.**

その車は時速200キロを出した. ⇨ à l'heure「1時間あたり」 088

☐ **Votre santé s'améliore peu à peu.**

あなたの健康は少しずつ回復している.

⇨「無冠詞名詞＋à＋無冠詞名詞」のパターン
cf. pas à pas「一歩一歩」, mot à mot「1語1語」

005〔所属〕～の 〔付属・特徴〕～を持った，～の入った

☐ **A qui est ce dictionnaire ?**

この辞書は誰のですか. ⇨ être à *qn*「人のものである」 181

☐ **C'était une petite fille aux yeux bleus.**

それは青い目をした少女だった.

cf. Cette petite fille a les yeux bleus.
「その少女は目が青い」⇨ avoir で身体の一部分の特徴を表現する.

006〔用途〕～用の，～するための

☐ **Elle a trouvé une lettre dans la boîte aux [à] lettres.**

彼女は郵便受けに1通の手紙を見つけた.

☐ **A votre santé ! / A la vôtre !**

乾杯. ⇨「あなた(方)の健康のために（健康を祝して）」の意味.

007〈名詞+à+*inf.*〉〔必要・目的〕～すべき 〔用途〕～用の

☐ **Je n'ai rien à faire aujourd'hui.**

今日はなにもすることがない. ⇨ 170

☐ **Donnez-moi quelque chose à boire, s'il vous plaît.**

なにか飲物をください.

☐ **Elle est dans la salle à manger.**

彼女は食堂にいる.

＊注意：salle は「共同で使用する部屋，ホール」のこと．chambre は「寝室，（個人用の）部屋」を指し，pièce は浴室・台所を除いた個々の部屋を表わす．

cf. machine à laver「洗濯機」，fer à repasser「アイロン」

008〈形容詞+à+*inf.*〉～するのに…な

☐ **C'est un livre facile [agréable, drôle] à lire.**

それは読みやすい（読んで楽しい，奇妙な）本だ.

009〈動詞+à+*inf.*〉～すること

☐ **Il a commencé à pleuvoir.**

雨が降りだした. ⇨ commencer à+*inf.*「～しはじめる」 212

＊注意：commencer à+*inf.* は通常，事前に分かっていた行為や自然の成りゆきに従って「～しはじめる」の意味で用いる．
なお，apprendre, chercher, commencer, *etc*. の動詞は目的語が名詞の場合には前置詞は不要だが，不定法をともなう場合には à が必要になる．

de 「～から」〔出発点・離脱〕（空間的・時間的）が本義.

010〔起点・離脱・出身〕～から

☐ **D'où viens-tu ? — Je viens de Londres.**

どこから来ましたか.／どこの方ですか〔出身〕. ――ロンドンです.

☐ **Ma sœur est sortie de la salle de bain(s).**

姉（妹）は風呂から出た.

⇨ la salle de bain(s) の " de " は〔用途〕「～用の」の意味.

cf. salle de classe「教室」，salle de séjour「居間（リビングルーム）」

011〔時間・時代・時間的起点〕〜に，〜から

☐ **Mon père se lève toujours de bonne heure.**

父はいつも朝早く起きる．⇨ de bonne heure「(朝)早く」 096 446

☐ **Il travaille de huit heures à midi.**

彼は8時から正午まで働く．⇨ de A à B「A から B まで」 002

012〔所有・所属〕〜の 〔行為の主体・作者〕〜の

☐ **Paris est la capitale de la France.**

パリはフランスの首都です．

☐ **Ce sont les enfants de Maurice.**

あれはモーリスの子供たちです．

☐ **Je ne connais pas l'heure d'arrivée du train.**

列車の到着時間がわからない．

＊注意：「知っている」connaître は「ある物・事柄」を単に知っていることで，詳しく知識として知っているときには savoir を用いる．ただし，直接目的語が「人・場所」のときには前者のみ可．

■ A de B「B の A」と訳すケースの違い．下記の(1)〜(4)を考えに入れること．

(1) 所有・所属 〜の	la clef de l'appartement アパルトマンの鍵
(2) 主格関係 〜が	l'arrivée de mon père 父の到着 ⇨ mon père arrive
(3) 目的関係 〜を	un changement de train 列車の乗り換え ⇨ changer de train
(4) 同格 〜という	un mot d'amour 愛の言葉 ⇨ le mot＝l'amour

013〔数量・程度・差〕〜の，〜だけ

☐ **Mon frère est mon aîné de quatre ans.**

兄は私より4歳年上です．

＝Mon frère est plus âgé que moi de quatre ans.

＝Mon frère a quatre ans de plus que moi.

014〔原因・手段・道具・様態〕～で 〔特徴・性質〕～を持った

☐ **J'ai pleuré de joie.**

私は嬉し泣きした.

＊注意：joie は苦労が報われたときなどの「喜び」を, plaisir は身体的・知的な「喜び」を表わす語.「喜びを感じる」は éprouver de la joie [du plaisir] と言う.

☐ **De quelle couleur est votre voiture ?**

あなたの車は何色ですか.

015〔対象・主題〕～について, ～の(ことを)

☐ **Que pensez-vous de cela ?**

そのことについてどう思いますか.

⇨ penser A de B「B について A と思う」: 多くは A が疑問詞になる.
cf. penser à *qn* / *qch*「～のことを考える」⇨ 249

☐ **Elle est fière de sa fille.**

彼女は娘が自慢だ.

⇨ être fier(ère) de *qn* / *qch* [de+*inf.*]「～(するの)が自慢だ」

016〔受動態の動作主〕～に(よって)

☐ **Elle est aimée de tout le monde.**

彼女は皆に愛されている.

＊注意：受動態が継続的な状態・感情を表す場合には動作主補語に de を, 一時的な行為・動作を表すときには par を用いる. ⇨ 036

017〈動詞 de+*inf.*〉/〈動詞 à *qn* de+*inf.*〉

☐ **N'oubliez pas de fermer le gaz.**

ガス栓を閉め忘れないでください.

☐ **J'ai promis à ma mère de l'aider.**

私は母に手伝うと約束した.

cf. 〈動詞 de+*inf.*〉 accepter, arrêter, cesser, décider, essayer, *etc.*
〈動詞 à *qn*+de+*inf.*〉 défendre, ordonner, proposer, refuser, *etc.*
cf. 〈動詞 de *qn* / *qch*〉 profiter, se moquer, s'occuper, *etc.*

＊注意：動詞の補語（不定法）を導く de / à は大切なポイント. ⇨ 009

018〈de+*inf.*〉～すること

☐ **« Défense de fumer. »**

禁煙. ⇨ 名詞の限定

☐ **Il est [C'est] honteux de mentir.**

嘘をつくのは恥ずべきことです. ⇨ 論理的主語.

＊注意：c'est の構文のほうが口語的.

☐ **Je suis content(e) de vous voir.**

お会いできて嬉しく思います. ⇨ 形容詞・副詞の補語.

019〈de+形容詞・過去分詞〉

☐ **Y a-t-il quelque chose d'intéressant dans le journal ?**

新聞になにか面白いことが載っていますか.

⇨ 不定代名詞と形容詞を結ぶ de.

☐ **J'ai trois heures de libres.**

自由時間が３時間ある. ⇨ 数量表現の付いた名詞の後で.

en　　通常，無冠詞名詞に用いるのが特色.

020〔時間・所要時間〕～に，～で

☐ **Nous sommes en hiver. / On est en hiver.**

今は冬です. ⇨「春に」au printemps 001，他の季節には en を用いる.

＊注意：être「～(に)いる，ある」で，時（季節・曜日・日付）を表わす表現.

☐ **Au Japon, il pleut beaucoup en juin.**

日本では，６月にたくさん雨が降る. ⇨ en juin＝au mois de juin

☐ **Le XXIe siècle commence en 2001.**

21世紀は2001年にはじまる.

cf. Nous sommes au XXe siècle.「今は20世紀です」

☐ **Je peux faire ce travail en trois jours.**

３日でその仕事はできます.

＊注意：en は所要時間（～かかって）を表す. 例文を dans trois jours とすると「３日後に」, dans les trois jours とすると「(その)３日以内に」の意味になる.

021〔場所〕～へ，～に，～で

⧄ **Elle est allée en France.**

彼女はフランスに行った.

＊注意：女性国名，母音で始まる男性国名には en を，男性国名（母音で始まる国名を除く）には à を用いる（en を用いるときには無冠詞）. ⇨ 001

⧄ **Un de mes amis habite en banlieue parisienne.**

友人の 1 人はパリ郊外に住んでいる.

⇨ habiter dans la banlieue de Paris ともいう.

＊注意：場所を表す前置詞 en は一般に無冠詞名詞とともに用いられ，定冠詞がある場合には dans を用いる.
habiter aux environs de Paris という言い方もできる.

022〔状態・手段〕～に，～で

⧄ **Ma mère est très en colère.**

母はとても怒っている. ⇨ en colère「腹を立てた」

cf. se mettre en colère「怒る」，mettre *qn* en colère「～を怒らせる」
cf. en panne「故障中の」，en grève「ストライキ中の」

⧄ **Parlez en français, s'il vous plaît.**

フランス語で話してください.

＊注意：en に続く名詞に修飾語がつくと dans を用いる.
⇨ parler dans un français parfait「完璧なフランス語で話す」
＊注意：手段（乗物）「～で」の意味でも頻出.
⇨ en voiture「車で」，en bateau「船で」⇨ 003

023〔身なり・材質・組成〕～を着た，～でできた

⧄ **Il s'habille toujours en noir.**

彼はいつも黒い服を着る. *cf.* être en pyjama「パジャマ姿である」

＊注意：「着る（身につける）」（動作）には s'habiller，mettre，「着ている」（状態）には être habillé，porter を用いる．ただし，s'habiller，être habillé は衣服でのみ用いる.

⧄ **Cette montre est en bois.**

この時計は木でできている. ⇨ 材質・組成.

＊注意：〈de＋材質〉という言い方もあるが，〈en＋材質〉に比べて使用範囲が狭い. 属詞の位置では de は用いない.

024〔抽象的な場所・領域〕～のなかに，～において

☐ **Elle a cette histoire en mémoire.**

彼女はその話を記憶している．⇨ en mémoire「記憶の中に」

☐ **Il est fort en mathématiques.**

彼は数学が得意だ．⇨ être fort en＋科目⇔faible 392

cf. être fort à＋スポーツ[ゲーム]

025 de A en B〔移行〕A から B へ 〔周期〕～ごとに，しだいに

☐ **La situation s'aggrave de jour en jour.**

状況は日に日に悪化している．

cf. aller de mal en pis「ますます悪化する」

＊注意：「方向」も表わす．⇨ de haut en bas「上から下へ」

026〔副詞句・前置詞句・接続詞句をつくる〕

☐ **En général, mon père rentre vers sept heures du soir.**

普通，父は午後７時ごろに帰宅する．⇨ 143

cf. en effet「実際に」，en vain「むなしく」，en réalité「実際には」，
en principe「原則として」，en tout「合計して」

定冠詞のつく表現もある ⇨ en l'absence de 「～の不在中に」
en l'espace de 「～の期間に」
en l'honneur de 「～に敬意を表して」

027〔ジェロンディフ〕en＋現在分詞

☐ **Ne mange pas en regardant la télévision.**

テレビを見ながら食べるな．（同時性「～しながら」）

☐ **En tournant à droite, tu trouveras l'église.**

右に曲がれば，教会が見つかります．（条件「～すれば」）

☐ **Elle gagne sa vie en enseignant le français.**

彼女はフランス語を教えて生計をたてている．（手段・様態「～して」）

⇨ gagner sa vie [son pain]「生計をたてる」

＊注意：通常「理由（～なので）」を表わすためにジェロンディフは用いられない．

dans　「位置」(空間的・時間的)「～のなかに」から派生.

028〔場所〕～のなかに，～に，～で

☐ **Mon frère est dans sa chambre.**

兄〔弟〕は部屋にいます. ⇨ chambre は「寝室，ホテルの部屋」 007

☐ **Il n'y a pas un nuage dans le ciel.**

空には雲ひとつない. ⇨ 場所を広がりとして意識するケース.

cf. vivre sous le ciel de Paris「パリの空の下に（パリに）住む」

029〔時間〕これから～後に（現在を起点とした未来）
〔期間・期限〕～の間に，～以内に

☐ **Elles reviendront dans huit jours.**

彼女たちは1週間後に戻ってくるだろう. ⇨ huit jours＝une semaine

＊注意：dans が表す「時間」は“現在”を基準として「(時間)かかって，～後に」の意味.“過去・未来”のある時点を基準とする場合には après [plus tard] を用いる. ⇨ 063

☐ **Dans ma jeunesse, j'allais souvent à la pêche.**

若いころに，私はよく釣りに行ったものだ.

030〔状態・状況・原因〕～において，～の状態で，～なので

☐ **Qu'est-ce que vous faites dans la vie ?**

お仕事はなにをなさっていますか. ⇨ dans la vie は省略してもよい.

☐ **Il se trouve dans une situation difficile.**

彼は困った状態（厳しい立場）に置かれている.

cf. être dans une situation dangereuse「危険な状態にある」

031〔起点・典拠・分野・範囲〕～で，～の内部に，～から

☐ **Cela n'est pas dans mes projets.**

それは私の計画に入っていない.

☐ **Elle a pris un mouchoir dans sa poche.**

彼女はポケットからハンカチを出した.

＊注意：「(dans ～から)取り出す」には prendre を,「(de ～から)取り出す」には sortir を用いる.

par　「～を通って」〔通過点・経由〕を本義として展開.

032〔通過点・経由〕～を通って，～から

☐ **Je suis allé(e) en France par l'Angleterre.**

イギリス経由でフランスに行った.

cf. passer par *qch*「(場所を)経由する」

☐ **Venez par ici.**

どうぞこちらへ.

＊注意：par も de も「～から」と訳すことがあるが，par は「通過点」を de は「起点」を表す. ⇨ sortir par la porte「門から（を通って）出る」, rentrer de l'école「学校から（を起点に）帰る」.

033〔手段・方法〕～によって，～を用いて

☐ **Il est venu par le train.**

彼は列車でやって来た. ⇨ en train「列車で」とも書ける. 003

☐ **Elle a appris cette nouvelle par l'édition du matin d'Asahi.**

彼女はそのニュースを朝日の朝刊で知った.

034〔数表現とともに・配分〕～につき，～ずつ〔単位で〕

☐ **Mon père m'a téléphoné dix fois par jour.**

父は1日に10回電話してきた. ⇨ A fois par B（時間の要素）491

☐ **Entrez par deux.**

2人ずつお入りください. =deux par deux

035〔天候・時間〕～のときに，～の中を

☐ **Où allez-vous par le froid qu'il fait ?**

こんな寒いときにどこへいくのですか.

cf. par le temps qui court「現在は，今のところ」

036〔受動態の動作主〕～によって

☐ **Ce chien a été renversé par un camion.**

あの犬はトラックにはねられた.

⇨ 一時的・特殊な行為・動作を表す場合の受動態の動作主は par. 016

sur　「～の上に」の具体的状況から抽象的な関係へと広がる.

037〔位置〕～の上に（の），～の表面に ⇔ sous

☐ **Il y a un ordinateur sur le bureau.**

机（事務机）の上にコンピュータがある.

☐ **J'ai collé une affiche sur ce mur.**

私はその壁にポスターを貼った.

＊注意：「～の上に」は水平面だけでなく垂直面でも使える．ただし，au mur「壁に」という表現も用いる.

☐ **Il a cherché cette ville sur la carte.**

彼は地図で（の上で）その町を探した. ⇨ 記載・放映.

038〔主題〕～について，～に関する

☐ **Nous avons discuté sur ce point.**

私たちはその点について議論した.

12
▶037 ☐ **Ils sont d'accord sur cette idée.**

彼らはその考えについて意見が一致している.

＊注意：être d'accord「人に賛成（同意）する」の意味なら avec を用いる.「～することに賛成（同意）する」の場合には，être d'accord pour+*inf.* を用いる. ⇨ 051

039〔所持・接近・広がり〕～を身につけて，～に面して

☐ **Vous avez de l'argent sur vous ?**

お金をお持ちですか. ⇨ sur soi「自分の身につけて」

☐ **Cet hôtel donne sur la mer.**

そのホテルは海に面している.

⇨ donner sur *qch*「～に面している」=avoir vue sur *qch*

040〔比率〕～のうち，～につき

☐ **Cinq candidats sur dix ont été reçus à cet examen.**

10人の受験生のうち5人がその試験に合格した.

cf. une fois sur deux「2度に1度」，neuf fois sur dix「十中八九」

041〔支え・基礎・根拠〕～に支えられて，～に基づいて

☐ **Ce chien dort toujours sur le dos.**

その犬はいつもあおむけに寝る．⇨ sur le dos「あおむけに」

cf.「うつぶせに，腹ばいになって」は à plat ventre という．

☐ **Ne jugez pas les gens sur leurs apparences.**

人を見かけで判断しないように．

042〔対象・目標・方向〕～に対して，～に向かって

☐ **Appuyez sur ce bouton, s'il vous plaît.**

そのボタンを押してください．⇨ appuyer sur *qch*「～を押す」

☐ **Cette voiture a tourné sur la [sa] gauche.**

その車は左（左側）に曲がった．

---

pendant　　基本的には「ある期間中のある時点」を指す．

---

043 ～の間(に)

☐ **Que feras-tu pendant tes vacances ?**

君はヴァカンス中になにをしますか．

☐ **Mon ami est venu pendant mon absence.**

友達がわたしの留守中に来た．

＊注意：時間を表す補語の前では pendant は多くの場合省略される．
Elle a travaillé [pendant] trois heures.
「彼女は 3 時間勉強していた」⇨ この場合は省略するのが通例．
上記の文は継続的行為でも期間が明示されているので半過去形は不可．

＊注意：
(1) " pendant " は「ある期間中のある時点」と「その期間中ずっと（継続）」の意味がある．後者の意味をハッキリさせるために tout を併用することがある．
(2) " durant " は動詞 durer「持続する」に由来しているため「～の間中ずっと」の意味．やや文語的表現．
(3) " au cours de " は「その期間中のある時点」の意味．
cf. deux fois au cours de la guerre「戦争中に 2 度」

sous　「～の下に」の具体的状況から抽象的な関係へと広がる.

044〔位置〕～の下に，～の内部に，～に覆われて⇔sur

☐ **Il y a des chats sous la table.**

テーブルの下に猫がいる.

＊注意：sous の位置は真下でなくてもよい．なお，「～の下方に」の意味を明示するには au-dessous de，「～の上方に」は au-dessus de を使う.

☐ **J'ai marché sous la pluie.**

私は雨のなかを歩いた.

＊注意：dans la pluie とは表現しない．なお，「悪天候のなかを」と言いたい場合には par mauvais temps という.

cf. passer sous un tunnel「トンネルを通る」，sous terre「地下に」

045〔期間〕(国王・皇帝等の)時代に，～の期間に
〔指導・支配・保護〕～のもとに

☐ **Cela s'est passé sous Louis XIV.**

それはルイ14世時代に起こった.

cf. sous la Révolution「フランス大革命のときに」
sous le régime capitaliste「資本主義体制のもとで」

046〔作用・条件（制約)〕～を受けて，～のもとに　〔観点〕～から見て

☐ **Sous certaines conditions, j'accepte votre contrat.**

いくつかの条件つきで，私はあなたとの契約を受け入れます.

☐ **Il a analysé ce problème sous tous ses aspects.**

彼はその問題をあらゆる面から分析した.

047〔名目・形状〕～で

☐ **Sous prétexte de maladie, il a séché les cours.**

病気を口実に，あいつは授業をさぼった．⇨ sécher「さぼる」は学生の隠語.

⇨ sous prétexte de *qch* [de ＋*inf.* / que＋〔直説法〕]「～を口実にして」
cf. sous aucun prétexte「どんな事情があっても」

chez 「人」をあらわす名詞・代名詞の前に置く.

048〔名詞・代名詞とともに〕～の家で（に）

☐ **Il est chez lui.**

彼は家にいる（自宅にいる）. ＝Il est à la maison.

＊注意：à la maison「家に」は使われるが,「～の家で（に）」を表すのに à la maison de ... という表現はない.

☐ **Allô, je suis bien chez Monsieur Dupont ?**

〔電話で〕もしもし，デュポンさんのお宅ですか.

■ **de, par 等の前置詞とともに**

☐ **Cet acteur habite tout près de chez moi.**

あの俳優はうちのすぐ近所に住んでいる.

☐ **Je passerai par chez vous.**

あなたの家に（お宅に）寄っていきます.

049 ～の店（会社）に

☐ **Tu dois aller chez le dentiste.**

君は歯医者に行くべきだ.

cf. prendre rendez-vous chez le dentiste「歯医者に予約をする」

☐ **Allez acheter du pain chez le boulanger, s'il vous plaît.**

パン屋にパンを買いに行ってください.

＊注意：chez は「人」を伴う.「店・業種」を表す名詞の前では à を使う.
⇨ aller à la boulangerie「パン屋に行く」

050〔居住地・国〕～のところで，～の国では
〔性格・作品〕～にあっては

☐ **C'est une vieille habitude chez nous.**

それは私たちのところ（国・地方）では古い習慣だ.

☐ **On trouve cette expression chez Pascal.**

その表現はパスカルの作品中にある.

avec　「～とともに」〔同伴・共存〕から多様な意味が派生.

051〔同伴・対人関係〕人と(いっしょに), 人に対して 〔合致・比較〕～と

☐ **Il est sorti avec elle.**

彼は彼女といっしょに外出した.

☐ **Pierre s'est marié avec Nadine.**

ピエールはナディーヌと結婚した.

⇨ se marier avec *qn*＝épouser *qn*

☐ **Je suis d'accord avec toi.**

私は君と同意見だ. ⇨ 038

052〔所持・付属・手段・道具〕～を持って, ～で, ～を使って

☐ **Il est sorti avec son parapluie.**

彼は自分の傘を持って出かけた.

☐ **J'ai réservé une chambre avec salle de bain(s).**

バス付きの部屋を予約した.

☐ **Au Japon, on mange avec des baguettes.**

日本では, 箸を使って食べる.

⇨ avec *qch* ＝à l'aide de *qch*「～を使って, 用いて」の意味. 086

＊注意：一般に「道具で」は, たとえば écrire au stylo「万年筆で書く」, écrire à la machine「タイプで書く」といったように à を用いるが, 指示語等がついて「この鉛筆で」と具体化されると, écrire avec [à l'aide de] ce crayon という. また, 身体の一部を使うときには de を用いる. manger des doigts「指で食べる」.

053〔同時性〕～とともに, ～につれて

☐ **Avec le temps, on s'habitue à tout.**

時間がたつにつれて, 人はなんにでも慣れるものだ.

⇨ 接続詞 comme「～につれて」を用いて Comme le temps passe と書き換えられる.

☐ **Ils se lèvent avec le jour.**

彼らは日の出とともに起きる.

054〔様態〕〜をもって（無冠詞の抽象名詞とともに）

☐ **Mon père conduit toujours avec prudence.**

父はいつも慎重に運転する.

＊注意：〈avec＋無冠詞名詞〉は様態の副詞に相当する.
⇨ avec prudence＝prudemment
ただし，形容詞で限定されると不定冠詞を必要とする. ⇨ avec courage「勇敢に」→avec un grand courage「非常な勇敢さで」

cf. avec plaisir「喜んで」, avec tendresse「やさしく」

055〔原因・条件・対立〕〜のせいで，〜であれば，〜なのに

☐ **Avec son aide, je réussirai.**

彼（彼女）の助けがあれば，私はうまくいくだろう.

☐ **Je t'aime avec tous tes défauts.**

いろいろと欠点はあるが君が好きだ.

＊注意：対立の用法では，しばしば avec tous〜 の形で用いられる.

sans　英語の without に相当する前置詞.

056 〜なしに，〜のない 〈＋*inf.*〉〜することなしに

☐ **Vous prenez votre café, avec ou sans sucre ?**

コーヒーに砂糖を入れますか，入れませんか. ⇨ avec⇔sans

cf. sans exception「例外なしに」

☐ **N'entrez pas sans frapper.**

ノックせずに部屋に入らないで〔ノックしてから入室ください〕.

cf. partir sans dire au revoir「さよならも言わずに立ち去る」

057〔条件・仮定〕〜がなければ

☐ **Sans cet accident, nous serions arrivé(e)s à temps.**

あの事故がなければ，私たちは時間に間に合っていたのだが.

avant　時間的に「以前に」の意味.

058〔時間〕～より前に，～までに

☑ **Je me lève avant sept heures.**

私は7時前に起きる.

＊注意：「時間＋avant～」で「～より…だけ前に」の意味になる.
L'autobus est arrivé trente minutes avant l'heure.
「バスは予定の時刻より 30 分早く着いた」

☑ **Finis tes devoirs avant de te coucher.**

寝る前に宿題を終えなさい. ⇨ avant de＋*inf.*「～する前に」

＊注意：devant は空間的な「前に」の意味で使う. il y a「～の前に」は現在を起点にした「前に」の意味. avant は過去・未来を起点にする場合に使われる.
Il est allé à Paris il y a trois mois.
「彼は(今から) 3 か月前にパリに行った」
Il est allé à Paris trois mois avant. ⇨ この avant は副詞. ⇨ 062
「彼はその〔過去の起点〕 3 か月前にパリに行った」
⇨ "数詞＋名詞〔時間的要素〕＋avant"

059〔場所・順序〕～の手前で（に）

☑ **Le restaurant chinois est avant le carrefour.**

中華レストランは十字路の手前です.

＊注意：この例文には「十字路に達する前（手前で)」という時間的な含み（移動中）がある. つまり，devant が単に位置を示すのに対して，avant には順序・序列のニュアンスが含まれる. たとえば，Il y a un restaurant avant le feu et une banque aprèrs le feu. では「信号の手前」と「信号の後」の順序でレストランと銀行があるという意味になる. ⇨ 060

☑ **Elle est descendue à la station juste avant le terminus.**

彼女は終点より一つ手前の駅で降りた.

cf. avant tout / avant toutes choses「何よりもまず」＝tout d'abord
Avant tout, vous devez travailler.
「まずなによりも，あなたは働くべきだ」

devant　空間的に「前方，前面に」の意味.

060〔場所〕～の前に（で）（を）⇔ derrière，～の面前で

☐ **Il y a une banque juste devant la gare.**

駅の真ん前に銀行があります.

＊注意：Ell est devant moi.「彼女は私の前にいる」（位置関係）に対して，Ell est avant moi. とすると序列・順序のニュアンスを持ち，「彼女は私より成績が上である」あるいは「彼女は私よりも前にいる〔列に並んでいるケース・マラソンなどをしているケース〕」の意味になる. ⇨ 059

☐ **Ne dis pas ça devant les enfants !**

子供たちのいる前でそんなことは言わないで.

＝en présence de *qn*「～の前（人前）で」

☐ **Les hommes sont tous égaux devant la loi.**

法の前で万人は平等である.

061 ～の前途に，～の前方に

☐ **Vous avez un bel avenir devant vous.**

あなたの前途には素晴らしい未来が開けている（前途洋々だ）.

avant / devant　副詞の用例.

062〔時間〕前に，先に／〔場所〕前に，先に ⇔ derrière

☐ **Qu'est-ce que vous faisiez avant ?**

以前はどんな仕事をなさってましたか.

☐ **Vous voyez la banque ? La boîte aux lettres est juste devant.**

銀行が見えますか. 郵便ポストはその真ん前です.

■ **en avant**　前方に，先に

☐ **Pars en avant, je te rejoindrai.**

先にどうぞ，あとから行きます. ⇔ en arrière

■ **devant derrière**　前後逆に

☐ **Elle a mis son pull-over devant derrière.**

彼女はセーターを後ろ前に着ていた.

après　　時間的に「後に」の意味.

063〔時間〕～の後で，以後に⇔avant

☐ **L'été vient après le printemps.**

春の後には夏が来る.

☐ **Ne me téléphone pas après onze heures du soir.**

夜11時以降には電話しないで.

＊注意：après は過去・未来のある時点を基準にして「それから～後に」の意味．現在を基準にして「これから～後に」は dans を用いる．⇨ 029 068

☐ **Mon père est revenu après une semaine.**

父は1週間ぶりに戻ってきた．⇨ après＋期間「～の後に，ぶりに」

☐ **Elle est morte trois jours après l'accident.**

彼女は事故から3日たって死んだ.

⇨ après … 基準点「～より…だけ後に」

cf. 名詞＋après＋名詞「～が続いて」⇨ heure après heure「時々刻々」

064〈＋*inf.*（通常は複合形）〉～した後で

☐ **Après avoir terminé son repas, il a allumé une cigarette.**

食事が終わって，彼は煙草に火をつけた.

＊注意：après manger「食事の後で」, après dîner「夕食後に」などの成句は不定法の単純形をとる.

065〔位置・順位〕～の次に，向こうで，～の下に

☐ **Tournez à gauche après le restaurant.**

レストランの次の通りを左に曲がってください.

☐ **Je vous en prie, après vous.**

〔道や順番を譲る場合〕どうぞお先に.

cf. Excusez-moi de partir avant vous.「お先に失礼します」

＊注意：d'après　(1) ～によれば　(2) ～に従って，～に基づいて
(1) d'après le journal「新聞によれば」, d'après lui「彼によると」
(2) juger *qn* d'après les apparences「人を見かけで判断する」

derrière　「後に」（空間的）の意味.

066〔場所〕～の後ろに，裏に，背後に⇔devant

☐ **Ce chat s'est caché derrière un arbre.**

その猫は木陰に（木の後ろに）隠れた.

☐ **Il y a une forêt derrière la maison.**

その家の裏手には（後ろに）森がある.

cf. faire un pas en arrière「1歩後ろに下がる」⇔en avant

067〔順序〕～に次いで，～に続いて

☐ **Sylvie a occupé le deuxième rang derrière Jean-Pierre.**

シルヴィはジャン・ピエールに次いで第2位を占めた.

après / derrière　副詞の用例.

068〔時間〕後で　〔場所〕先に／〔場所〕後ろに，背後に⇔devant

☐ **Travaillez d'abord, vous jouerez après.**

まず勉強しなさい，その後で遊びなさい. ⇨ d'abord「まず」

☐ **Elle est revenue cinq jours après [plus tard].**

彼女はそれから5日後に戻ってきた.

⇨"期間＋après"「ある時点より～後に，後で」＝"期間＋plus tard"

＊注意：au bout de は「～後になると」（一定の時間が経過した後で）.
Au bout d'une semaine, j'ai tout oublié.
「1週間後になると，私はすべて忘れてしまった」⇨ 086 487

☐ **Ma mère marche devant, et moi, je marche derrière.**

母が前を歩き，そして私は後ろを歩く.

☐ **Il dit du mal d'une amie par-derrière.**

彼は陰で女友だちの悪口を言う. ⇨ par-derrière「背後で（から），陰で」

pour　方向を第一義に，目的・結果・割合等の意味を表す．

069〔方向〕～へ向かって　〔予定の時期・時間〕～に，～の間に

☐ **Nous sommes parti(e)s pour la France.**
私たちはフランスに向けて出発した．

☐ **Je finirai ce travail pour vendredi.**
金曜日にはその仕事を終える．

☐ **Pour combien de temps restes-tu à Londres ?**
ロンドンにどのくらい滞在しますか．

cf. 予定の pour を用いて「いらだち」を示す次のような表現がある．
Mon café, c'est pour aujourd'hui ou pour demain ?
「いったい僕のコーヒーはいつになったらできるんだ」

070〔目的・用途〕～のために(の)，～用の，～向けの

☐ **On doit travailler pour vivre.**
生きるために働かなくてはならない．⇨ pour+*inf.*「～するために」

☐ **C'est un cadeau pour toi.**
これは君へのプレゼントです．

071〔代価〕～と引換えに　〔割合・対比〕～のうちで，割に

☐ **Il a vendu sa voiture pour trois cent mille yens.**
彼は自分の車を30万円で売った．

＊注意：ある単位で売る場合には，たとえば vendre *qch* au poids [à la douzaine, à la pièce]「～を目方で〔ダースで，ばらで〕売る」となる．

☐ **Mon frère est grand pour son âge.**
兄（弟）は年の割に背が高い．⇨ pour son âge「年の割に」

cf. pour cent　パーセント(%)　vingt pour cent「20%」

072〔主題・観点〕～については，～から見て　〔資格〕～として

☐ **Pour moi, elle a tort.**
私としては彼女が間違っていると思う．

☐ **Il passe pour un expert.**
彼は専門家として通っている．⇨ passer pour「～として通る」246

073〔原因〕～のために　〔支持〕～に賛成して

☐ **C'est pour ça que je n'ai pas accepté.**

私が承諾しなかったのはそのためです.

⇨ c'est ... que は強調構文.

☐ **Vous êtes pour ou contre ce projet ?**

その計画に賛成ですか反対ですか.

⇨ pour ou contre「賛成か反対か」. 副詞でも用いる. 075

---

contre　本質的には人と人，物と物等の対立関係を表す.

074〔対立・敵対〕～に対して，～に反して

☐ **C'est contre le bon sens.**

それは良識に反する.

☐ **Il est contre la peine de mort.**

彼は死刑には反対している.

cf.「～(すること)に反対する」s'opposer à *qch* [à+*inf.*]

☐ **Donne-moi quelque chose contre le rhume, s'il te plaît.**

なにか風邪に効くものをください.

cf. avoir quelque chose contre *qn* / *qch*「～に対して不満（文句）がある」

075〔接触〕～に接して　〔交換〕～と交換で　〔比率〕～対～で

☐ **Il était assis contre le mur.**

彼は壁に寄りかかって座っていた.

☐ **Changeons des yens contre des dollars.**

円をドルに交換しよう.

☐ **Cette loi a été votée vingt voix contre quinze.**

この法案は20対15で可決された.

■〔副詞〕反対して

☐ **Vous êtes pour ou contre ?**

あなたは賛成ですか反対ですか. ⇨ 073

cf. par contre「それに対して，その代わり」

depuis　時間的にも空間的にも用いる．

076〔時間・期間〕以来，～から，～の前から　〔場所〕～から

☐ **Depuis quand êtes-vous ici ?**

いつからここにおいでですか．

＊注意：depuis は時間の起点「～から」を指す．は時間の起点を強調する前置詞で「～の時からすでに，早くも～から」の意味．⇨ 082

☐ **Je ne l'ai pas vue depuis son mariage.**

彼女の結婚以来私は彼女に会っていない．

＊注意：過去を起点として用いる．現在·未来については à partir de を用いる．
On donne ce film à partir de demain.
「明日からこの映画は公開される」

☐ **Depuis Tokyo jusqu'à Shinjuku, j'ai marché sans m'arrêter.**

東京から新宿まで私はずっと休まずに歩いた．

☐ **On vous téléphone depuis Paris.**

パリからあなたに電話です．

jusque　前置詞・副詞と組み合わせて用いる．

077〔時間・場所〕～まで（jusqu'à の形が大半）

☐ **Il a travaillé jusqu'à dix heures du soir.**

彼は夜の10時まで働いた．

＊注意：jusqu'à「～まで」は終了時点を示し，動作・状態が続いている場合，avant「までに(は)」は最終期限を示し，ある時点までに何かを行なう（完了する）ケースに用いる．

cf. depuis le matin jusqu'au soir「朝から晩まで」

☐ **Elle est allée jusqu'à Lyon.**

彼女はリヨンまで行った．

☐ **Il l'a accompagnée jusque chez elle.**

彼は彼女を家まで送っていった．

comme　「～と同じように」（比較）の意味が基本.

＊文法的には接続詞だが，前置詞的用法をここで扱う.

078〔比較・類似〕～のように，～と同じく

☐ **Je suis professeur comme mon père.**
私は父と同じく教師です.

☐ **Il faisait froid comme en plein hiver.**
まるで真冬のように寒かった.

cf. comme d'habitude「いつものように」，comme prévu「予定通り」

079〔資格〕～として　＊後に置かれる名詞は無冠詞になることが多い.

☐ **Elle a été engagée comme directrice.**
彼女は部長として雇われた.

☐ **Qu'est-ce que vous prenez comme dessert ?**
デザートは何になさいますか.

cf. considérer, estimer, regarder, voir などの直接目的語の属詞を導く.
⇨ considérer A comme B「AをBと見なす」554

vers　方向・時間・場所.

080〔方向〕～の方へ，～に向かって　〔時間〕～の頃に
〔場所〕～のあたりで，近くで

☐ **Le bateau se dirige vers le port.**
船は港に向かっている. ⇨ se diriger「向かう，進む」

☐ **Elle s'est levée vers midi.**
彼女は昼頃起きた.

☐ **La voiture est tombée en panne vers l'Arc de Triomphe.**
車が凱旋門の近くで故障した.

entre　空間的・時間的に原則として２つのものの「間に」の意味.

081〔空間・時間〕AとBの(２つの)間に（で）

☐ Les Alpes se trouvent entre la France et l'Italie.
　アルプス山脈はフランスとイタリアの間にある.

☐ Je vais passer chez vous entre huit et neuf heures du matin.
　私は朝の８時から９時の間にお宅へ伺います.

☐ Prenons un café entre deux cours.
　授業の合間にコーヒーを飲みましょう.

■ parmi は原則として「３つ以上のもの」について用いる.

☐ Y a-t-il quelqu'un parmi vous qui sache le grec ?
　あなたたちのなかに誰かギリシア語のできる人はいますか.
　cf. 「友人たちの間に座る」s'asseoir parmi [au milieu de] ses amis

■ entre＋複数名詞（代名詞）(多数の〜)のなかに（で）

☐ On doit choisir entre plusieurs solutions.
　たくさんの解決策の中から選ばなくてはならない.

dès / malgré　時間的に「〜から(すぐに)」／英語の in spite of に相当.

082（早くも)〜から(すぐに)／〜にもかかわらず,（人の)意に反して

☐ Nous sommes parti(e)s dès l'aube.
　私たちは夜が明けるとすぐに出発した.

☐ Elle est sortie malgré la pluie.
　彼女は雨にもかかわらず外出した.

☐ Ma sœur est devenue actrice malgré mes parents.
　私の姉（妹）は両親の反対を押し切って女優になった.
　cf. malgré tout　(1) 是が非でも　(2) それでもなお

selon / sauf / envers　覚えておきたいその他の前置詞.

083 **selon**　～によれば，～に従って，～に応じて

☐ **Selon la météo, il pleuvra demain.**

天気予報によれば，明日は雨でしょう.

＝La météo prévoit qu'il pleuvra demain.

cf. 会話で「それは場合による」C'est selon.＝Cela [ça] dépend. という言い方がある.

084 **sauf**　～の除いて，～を別として

☐ **Tout le monde est d'accord, sauf Monsieur Gros.**

グロ氏を除いて，全員賛成だ. ⇨ sauf＝excepté

＊注意：sauf は肯定的な事柄に該当しないマイナス要素を除外する表現．逆に否定的な事柄に当てはまらないプラス要素を除外する場合には，**à part, en dehors de** を用いる.

A part elle, personne n'est au courant.

「彼女を除いて，誰もそのことを詳しく知らない」

⇨ être au courant「事情に通じている」 444

En dehors du jogging, elle ne pratique aucun sport.

「ジョギングのほかは彼女はなにもスポーツをしていない」

cf. sauf＋無冠詞名詞「～でないかぎり」⇨ sauf erreur「思い違いでなければ」

cf. sain et sauf「無事に」（この熟語の sauf は形容詞）

085 **envers**　～に対して

☐ **Vous êtes trop sévère envers vos enfants.**

あなたはわが子に対して厳しすぎる.

cf. être généreux envers *qn*「～に対して寛大である」

être méchant envers [avec] *qn*「～に対して意地が悪い」

＊注意：envers *qn* / *qch* は感情や責任などを表わす語句とともに用いる.「～に対して（対抗）」のニュアンスには contre を用いる.

Qu'est-ce que tu as encore contre moi ?

「私に対してまだ文句があるのか」

前置詞句の例

086

□ **à cause de**	～が原因で	□ **à côté de**	～の隣に
□ **à condition de**	～という条件で	□ **afin de+*inf.***	～するために
□ **à l'aide de**	～を使って	□ **à la manière de**	～風に
□ **à l'occasion de**	～のときに	□ **à l'opposé de**	～とは反対に
□ **à la place de**	～の代わりに	□ **à travers *qch***	～を横切って
□ **au bout de**	～の端〔後〕に	□ **au lieu de**	～の代わりに
□ **avant de+*inf.***	～する前に	□ **en face de**	～の正面に
□ **en présence de**	～の面前で	□ **faute de**	～がないので
□ **grâce à**	～のおかげで	□ **hors de**	～の外に，をはずれた
□ **loin de**	～から遠くに	□ **par rapport à**	～と比べて
□ **près de**	～の近くに	□ **quant à**	～については

etc.

▶086

⧄ **Il n'a pas pu dormir à cause des bruits de la rue.**

彼は通りの騒音のせいで眠れなかった．⇨ 417

⧄ **J'ai parlé lentement afin de me faire mieux comprendre.**

もっとよく分かってもらえるように私はゆっくり話をした．

⇨ pour+*inf.* よりも目的の意味を明確にするがやや文語的．

⧄ **Mon frère parle de temps en temps à la manière d'un fonctionnaire.**

兄（弟）はときどき役人のような口のききかたをする．⇨ 288

⧄ **Elle est venue à la place de sa mère.**

彼女は母親の代わりにやって来た．

＝Elle est venue au lieu de sa mère.

⧄ **Faute de vin, j'ai bu du coca.**

ワインがないので私はコーラを飲んだ．

⧄ **Le malade est hors de danger.**

病人は危機を脱した．⇨ hors de は多く無冠詞とともに成句的に用いる．

cf. hors de question「問題外（論外）の」⇔ en question

＊以下，特に重要な表現は重複を気にせず多様な観点から迫る．

前置詞＋名詞　　時間に関する表現．

087 □ **à l'époque de**　**〜の時期（頃）**

☑ **A l'époque de notre mariage, nous habitions à Londres.**

結婚した頃，私たちはロンドンに住んでいた．

cf. à la même époque「同じ時期に」, à cette époque-là「その当時」

088 □ **à l'heure**　**定刻に，時間どおりに**

☑ **Le train est arrivé à Tokyo à l'heure juste.**

その列車はちょうど定刻に東京に着いた．

089 □ **à l'instant**　**たった今，すぐに＝tout de suite**

☑ **Ma mère est sortie à l'instant.**

母はたった今出かけました．

090 □ **à présent**　**現在，今，現在では**

☑ **A présent, la situation est toute différente.**

現在，状況はまったく異なっている．

091 □ **à temps**　**時間どおりに，遅れずに**

☑ **Elle est arrivée à la réunion à temps.**

彼女は会合に遅れずに着いた．

092 □ **à toute [pleine, grande] vitesse**　**全速力で，大急ぎで**

☑ **On fera ce travail à toute vitesse.**

大急ぎでその仕事をやってしまおう．

cf. à petite vitesse「ゆっくりと，ペースダウンして」

093 □ **avec le temps**　**時がたつにつれて，時とともに**

☑ **Les chagrins s'en vont avec le temps.**

時とともに悲しみは消える．⇨ 053

⇨ s'en aller「立ち去る，（物が）消え去る，（時が）過ぎ去る」

094 □ **d'avance**　前もって，あらかじめ

☑ **Merci d'avance !**

よろしくお願いします（前もって礼を言っておきます）.

cf. en avance「進んで，先んじて」⇔ en retard

095 □ **d'abord**　まず最初に

☑ **Allons d'abord à l'Opéra, ensuite nous irons au restaurant.**

まずオペラ座へ行って，それから食事をしよう.

096 □ **de bonne heure**　朝早く，（普通の時刻・時期より）早い時間に

☑ **Ce matin, elle s'est levée de bonne heure.**

今朝，彼女は早起きした.

⇨「早起きする」se lever tôt [de bonne heure]

097 □ **d'habitude**　いつも，普段は

☑ **Ce matin, il s'est levé plus tôt que d'habitude.**

今朝，彼はいつもより早く起きた.

cf. comme d'habitude「いつものように」

098 □ **de temps en temps＝de temps à autre**　ときどき

☑ **Mon fils vient me voir de temps en temps.**

息子はときどき私に会いにくる.

⇨〔頻度を表す表現〕toujours > souvent > rarement > ne ... jamais

099 □ **en ce moment**　目下，現在

☑ **Il n'est pas libre en ce moment.**

彼は今は暇がない.　＝maintenant, à présent

cf. à ce moment (-là)「その頃，その時」

100 □ **en même temps (que ...)**　(～であると)同時に

☑ **Pierre et Paul sont arrivés en même temps.**

ピエールとポールは同時に着いた.

＝à la fois [tout à la fois]

101 □ **par hasard** 偶然に＝**par accident**

☑ **Je l'ai rencontré(e) par hasard.**

私は偶然彼（彼女）に出会った．＝accidentellement

cf. au hasard「でたらめに，行き当たりばったりに」⇨ 290

102 □ **sans arrêt** 絶え間なく

☑ **Elle bavarde sans arrêt.**

彼女は休みなしにしゃべっている．＝sans interruption

103 □ **sans cesse** 絶えず，いつも，休みなく

☑ **J'y pense sans cesse.**

私はいつもそのことを考えています．＝continuellement

＊注意：sans cesse が「際限なく繰り返される」点にポイントを置くのに対して，sans arrêt は「中断することなく」という点にポイントがある．

前置詞＋名詞　　応答に係わる表現．

104 □ **à mon avis** 私の考えでは

☑ **A votre avis, quelle est la meilleure méthode pédagogique ?**

あなたの考えでは，なにが最善の教育方法だと思いますか．

＊注意：この表現は各人称にわたって用いられる．

105 □ **à tour de rôle** 順番に，代わる代わる

☑ **Chantons à tour de rôle.**

順番に歌いましょう．＝tour à tour

106 □ **à votre service** あなたの役に立てる状態にある，お安いご用だ

☑ **Je suis à votre service.**

なんなりとお申しつけください（ご用はなんですか）．

107 □ **au contraire** 反対に，逆に

☑ **Il ne s'est pas fâché, au contraire, il était content.**

彼は怒るどころか，かえって喜んでいた．

cf. au contraire de *qn* / *qch*「〜に反し，〜とは反対に」

108 □ **avec plaisir** 喜んで＝**volontiers**

☑ **Voulez-vous du café ? — Avec plaisir.**

コーヒーはいかがですか． ——喜んで（いただきます）．

109 □ **d'accord** OK，承知した．

☑ **D'accord pour demain.**

明日ならOKです．

cf. être d'accord avec *qn*「人と意見が一致している」⇨ 038 051

110 □ **comme ci comme ça** どうにかこうにか，まあまあ

☑ **Tu vas bien ? — Comme ci comme ça.**

元気ですか． ——まあまあです．

111 □ **de la part de *qn*** 〜の代理として，〜の側から

☑ **On vous demande au téléphone. — De la part de qui ?**

あなたに電話です． ——誰から．

112 □ **plus ou moins** 多かれ少なかれ

☑ **Tout homme est plus ou moins ambitieux.**

どんな人にでも多かれ少なかれ野心はある．

＊注意：この表現は「前置詞＋名詞」のパターンではない．

cf. de plus en plus「次第に，ますます」⇨ 487

113 □ **sans doute** おそらく，たぶん＝**peut-être, probablement**

☑ **Croyez-vous qu'il fera beau demain matin ? — Oui, sans doute.**

明日の朝は晴れると思いますか． ——ええ，たぶん．

cf. sans aucun doute「疑いなく，確かに」

前置詞＋名詞	その他の表現.

114 □ **à domicile** 自宅で（に）

☑ **Vous livrez à domicile ?**

〔商店で〕自宅に届けていただけますか.

115 □ **à la carte** アラカルトで，自由選択方式で

☑ **On a mangé à la carte.**

アラカルト〔料理を自由に選ぶ方法〕で食事をした. ⇔manger au menu

cf. horaire à la carte「(勤務等の) フレックスタイム」

116 □ **à la fois, tout à la fois** 同時に＝**en même temps**

☑ **Les élèves ont commencé à parler tous à la fois.**

生徒たちが全員いっせいにしゃべりだした.

117 □ **à la mode** 流行している

☑ **Ce n'est plus à la mode.**

それはもう流行遅れだ. ＝être en vogue

cf. mettre *qch* à la mode [en vogue]「〜を流行させる」

118 □ **à la vérité** 実のところ，本当は

☑ **Il est beau mais à la vérité plutôt bête.**

彼は美男子ですが，実はいささか軽率な男です.

＊注意：à la vérité「実のところ，本当は」は制限・正確さを表現する文を前提として用いられる. en vérité は断言を強調する表現.

119 □ **à l'intérieur de** 〜の中（内）に（で）

☑ **Je vous attends à l'intérieur du café.**

カフェのなかであなたを待ちます.

120 □ **à ma (grande) surprise** （とても)驚いたことには

☑ **A ma grande surprise, il conduisait en jouant avec un jeu vidéo.**

とても驚いたことに，彼はビデオゲームをしながら運転していた.

121 □ **à part** 別に，個々に **à part *qn* / *qch*** 〜を除いて

☑ **Ces problèmes doivent être examinés à part.**

これらの問題は別個に検討されるべきだ. ⇨ 084

122 □ **à peine** 〔副詞句〕ほとんど～ない

☑ **Sophie sait à peine lire.**

ソフィーは字もろくに読めない.

cf. à peine ... que+〔直説法〕「～するとすぐに」

123 □ **à pied** 徒歩で

☑ **Elles sont venues à pied.**

彼女たちは歩いてやって来た.

⇨ またがる乗物にも"à+乗物"を使う. 003

cf. à dix minutes de marche (d'ici)「(ここから)徒歩10分の所に」

124 □ **à point** ちょうどよい時〔所〕に，折よく

☑ **Elle est là ? — Oui, tu arrives à point.**

彼女はいますか. ——はい，君はちょうどよい時に来たね.

＊注意：肉の焼き具合を表わす語としてもよく使われる.
un steak cuit à point「ミディアムのステーキ」⇨ 404 補足

125 □ **à tout prix** どんな犠牲〔代価〕を払っても，ぜひとも

☑ **Il faut éviter la guerre à tout prix.**

なんとしても戦争は避けるべきだ.

126 □ **au fond** 実際，結局のところ=**dans le fond**

☑ **Au fond, tu as raison.**

結局は君が正しい.

127 □ **au milieu de** ～の真ん中で（に），～の最中に

☑ **Marie s'est perdue au milieu de la foule.**

マリーは群衆のなかに姿を消した（群衆の間に紛れた）.

128 □ **avec difficulté** 苦労して=**difficilement**⇔**sans difficulté**

☑ **Elle a été reçue à l'examen avec difficulté.**

彼女はやっとの思いで試験に受かった. =avec peine⇔sans peine 324

cf. être en difficulté「困っている，苦境に陥っている」

129 □ **avec émotion** 感慨深く，感動をこめて⇔**sans émotion**

☑ **Il parlait avec émotion.**

彼は感動をこめて（興奮気味に）話していた.

130 □ **avec énergie**　**力いっぱい，精力的に**

⧄ **Elle a frappé à la porte avec énergie.**

彼女は力いっぱいドアをたたいた.

131 □ **avec soin**　**入念に，念入りに＝soigneusement⇔sans soin**

⧄ **J'ai fait mon devoir avec soin.**

私は丁寧に宿題をやった. ⇨ 309

cf. avoir [prendre] soin de *qn* / *qch*「〜を大事にする」⇨ 519
laisser à *qn* le soin de＋*inf.*「人に〜するのを任せる」

132 □ **de mieux en mieux**　**ますます良く**

⧄ **Ce livre se vend de mieux en mieux.**

この本は売れ行きがますます好調だ.

cf. de plus en plus「ますます，次第に」⇨ 487
de moins en moins「ますます少なく」⇨ 487

133 □ **de nouveau**　**再び，もう一度**

⧄ **Mon père a de nouveau manqué à sa parole.**

父はまた約束（言ったこと）を破った.

＊注意：encore よりも驚き・意外性の含みがある.

⇨ manquer à sa parole「約束を破る」⇔tenir (sa) parole 340
＝manquer à sa promesse⇔tenir sa promesse

cf. à nouveau「新たに，改めて」

134 □ **d'ordinaire**　**普通，一般に，大抵は**

⧄ **D'ordinaire, je me lève à sept heures.**

普通，私は7時に起きる. ＝ordinairement, en général ⇨ 409

135 □ **de toutes ses forces**　**全力で，力のかぎり**

⧄ **Elle a crié de toutes ses forces.**

彼女は力のかぎり叫んだ.

cf. à force de *qch* [de＋*inf.*]「大いに〜したので」⇨ 410
de force「無理に，力ずくで」, en force「大挙して，力まかせに」

136 □ **de toute façon=de toutes (les) façons**　いずれにしろ

☑ **De toute façon, j'irai voir Madame Mauriac.**

いずれにせよ，モーリアック夫人に会いに行こう．

137 □ **d'une façon+〔形容詞〕**　～な仕方で，～な風に

☑ **Elle est habillée d'une façon élégante.**

彼女は優雅な服装をしていた．＝d'une manière+〔形容詞〕

138 □ **en compagnie de *qn***　人と一緒に＝**avec**

☑ **Je vais voyager en France en compagnie de mon amie.**

私は女友だちと一緒にフランス旅行に行く．⇨ 501

139 □ **en bref**　手短に言えば，要するに

☑ **Dites-moi en bref ce qui s'est passé hier.**

昨日なにがあったのか手短にお聞かせください．＝brièvement

cf.「手短に言えば」＝pour être bref,「要するに」＝bref〔副詞〕

140 □ **en détail**　詳細に，詳しく

36
▶136

☑ **Racontez-moi tout cela en détail.**

それを詳しく話してください．

⇨ raconter *qch* en détail [en long et en large]
「詳細に〔あらゆる角度から〕語る」

cf. au détail「小売りで」⇔「卸（おろし）で」en gros

141 □ **en double**　二重に（同じものを２つ）

☑ **J'ai ce compact disc en double.**

私はこのCDを２枚持っています．

142 □ **en effet**　事実，確かに，〔前文を受けて〕なぜなら

☑ **Il est beau, tu ne trouves pas ?　— En effet.**

彼は美男子だと思いませんか．　――確かに．

143 □ **en général**　一般に（言って）＝**généralement**

☑ **Elle se couche en général à minuit.**

彼女は普通深夜12時に寝る．⇨ 026

cf. généralement parlant「一般的に言えば」

144 □ **en paix** 心安らかに，静かに，仲良く

▱ **Je voudrais dormir en paix.**

心安らかに眠りたい.

145 □ **en particulier** とくに=**particulièrement**，個人的に，個別に

▱ **Il aime les animaux, en particulier les chats.**

彼は動物，なかでも猫が好きだ.

146 □ **en principe** 原則としては，理屈の上では

▱ **Vous voyagez ? — En principe, oui, chaque été.**

旅行に行きますか. ——はい，原則的には，毎年夏に出かけます.

147 □ **en privé** 私的に⇔**en public**，公衆の前で

▱ **J'aimerais parler en privé avec toi.**

君と内々に話したいのですが. ⇨ 313

148 □ **en route** 途中で，道々=**en chemin**

▱ **En route, elles n'ont pas échangé une parole.**

道々，彼女たちは一言も言葉を交わさなかった.

cf. " En route ! "「さあ，出発だ」

cf. mettre *qch* en route「～を始動させる，～を始める」

149 □ **en somme** 要するに，結局=**somme toute, en un mot**

▱ **En somme, c'est moi qui avait raison.**

要するに，正しかったのは私なのです. ⇨ 305

150 □ **en vente** 売りに出された，発売中の

▱ **C'est un médicament en vente libre ?**

それは市販されている薬ですか.

cf. mettre *qch* en vente「～を発売する」

151 □ **par bonheur** 運良く，幸いにして=**heureusement**

▱ **Par bonheur, mon père n'était pas chez moi.**

幸いにも，父は家にいなかった. ⇨ 318

cf. avoir le bonheur de+*inf.*「幸運にも～する」

152 □ **par chance** 幸運にも＝**heureusement**

☑ **Par chance, il y avait un médecin sur le bateau.**

幸いにも，船には医者が一人乗船していた．⇨ 488

cf. avoir de la chance「運がいい」
cf. avoir la chance (de+*inf.*)「運よく～する」
cf. Bonne chance !「幸運を祈ります」，Pas de chance !「ついてない」

153 □ **par degré(s)** 徐々に，少しずつ

☑ **L'inflation diminue par degrés.**

インフレが徐々におさまりつつある．＝peu à peu

154 □ **par cœur** 暗記して，そらで

☑ **Il me faut apprendre ce scénario par cœur.**

私はこのシナリオを暗記しなくてはならない．⇨ 315

＝Il faut que j'apprenne ce scénario par cœur.

＊注意：口語では，前者より後者 Il faut que ... の方がよく使われる．

155 □ **par exemple** たとえば

☑ **J'aime beaucoup les créatrices françaises, par exemple Chanel.**

私はフランス人の女性デザイナーが好きです，たとえば，シャネルとか．

＊注意：間投詞的に驚きや不満「なんてことだ」を表す口語表現にもなる．

156 □ **pour ma part** 私としては

☑ **Pour ma part, je n'ai rien à vous reprocher.**

私としては，あなたを責めることはなにもない．

157 □ **sans effort** わけなく，たやすく⇔**avec effort**

☑ **Il a réussi à l'écrit sans effort.**

彼は難なく筆記試験にパスした．

＊注意：réussir à l'examen「試験に合格する」に対して，passer un examen は「試験を受ける」の意味．passer で「合格する」の意味にするには，passer un examen avec succès とする．

158 □ **sans faute** かならず，きっと，間違いなく

☑ **Je viendrai demain sans faute.**

明日かならず参ります．⇨ 323

tout を使った表現

159

□ **après tout**	要するに，結局＝**au fond**，いずれにしても
□ **tout à coup**	突然
□ **tout à fait**	まったく，完全に
□ **tout à l'heure**	(1) 今しがた，さっき　(2) すぐ後で，まもなく
□ **tout de même**	それでも，やはり
□ **tout le suite**	すぐに
□ **tout le monde**	皆，すべての人
□ **tout le temps**	いつも，しょっちゅう　　***etc.***

＊注意：「毎日」tous les jours（複数）＝chaque jour と「一日中」toute la journée（単数）は混同しやすい表現なので注意.

☑ **Tout à coup, il s'est mis à pleuvoir.**
突然，雨が降りだした．＝tout d'un coup, soudainement, soudain

＊注意：commencer à＋*inf.* が話者によって予定の展開であるのに対して，そうでないケースに se mettre à＋*inf.* を用いる．⇨ 009 212

☑ **Vous avez tout à fait raison.**
あなたの言い分はまさにその通りだ．＝entièrement

☑ **Elle va venir tout à l'heure.**
彼女はもうすぐ来るだろう．

☑ **Tu exagères, tout de même !**
それにしても君は行きすぎだよ（大げさだよ）．

☑ **On ne peut (pas) contenter tout le monde.**
すべての人を満足させることはできない．

＊注意：「全世界」le monde entier と混同しないこと．

☑ **Ne répètes pas tout le temps la même chose !**
いつも同じことばかり繰り返すな．

動詞・形容詞と前置詞

＊前置詞の項目でとりあげた用法も必要に応じて再度確認

avoir の動詞句

■〈avoir＋無冠詞名詞〉のパターン ■

160 □ **avoir chaud [froid, soif, sommeil, peur, *etc.*]**
暑い〔寒い，喉が渇いた，眠い，怖い〕

☑ **J'ai très froid.**
とても寒い．

＊注意：この表現は主観的な感想（「私は」）で，温度が低く寒い天候を客観的に表現する Il fait très froid.「とても寒い」とは違う．

cf. Le temps tourne au froid.「寒くなる」

⇨ tourner à *qch*「〜になる」 373

161 □ **avoir confiance en *qn* / *qch*** 〜を信頼している

☑ **Je n'ai plus confiance en vous.**
私はもうあなたを信じられない．⇨ 464

162 □ **avoir raison [tort] (de＋*inf.*)**
〜(するのは)正しい（もっともである）〔間違っている〕

☑ **Elle a raison de se plaindre d'être mal payée.**
彼女が給与が少ないとこぼすのはもっともだ．

⇨ se plaindre de *qn* / *qch* [de＋*inf.*]「〜に不平を言う」 593

163 □ **avoir mal à＋定冠詞＋名詞（身体）** 〜が痛い

☑ **Où as-tu mal ? — J'ai mal aux dents.**
どこが痛みますか．——歯が痛いのです．

cf. avoir mal aux cheveux「飲みすぎて頭が痛い」(口語)，
avoir mal au cœur「胸がむかつく，吐き気がする」

＊注意：se faire mal à … は「〜を怪我する，痛める」の意味．⇨ 490

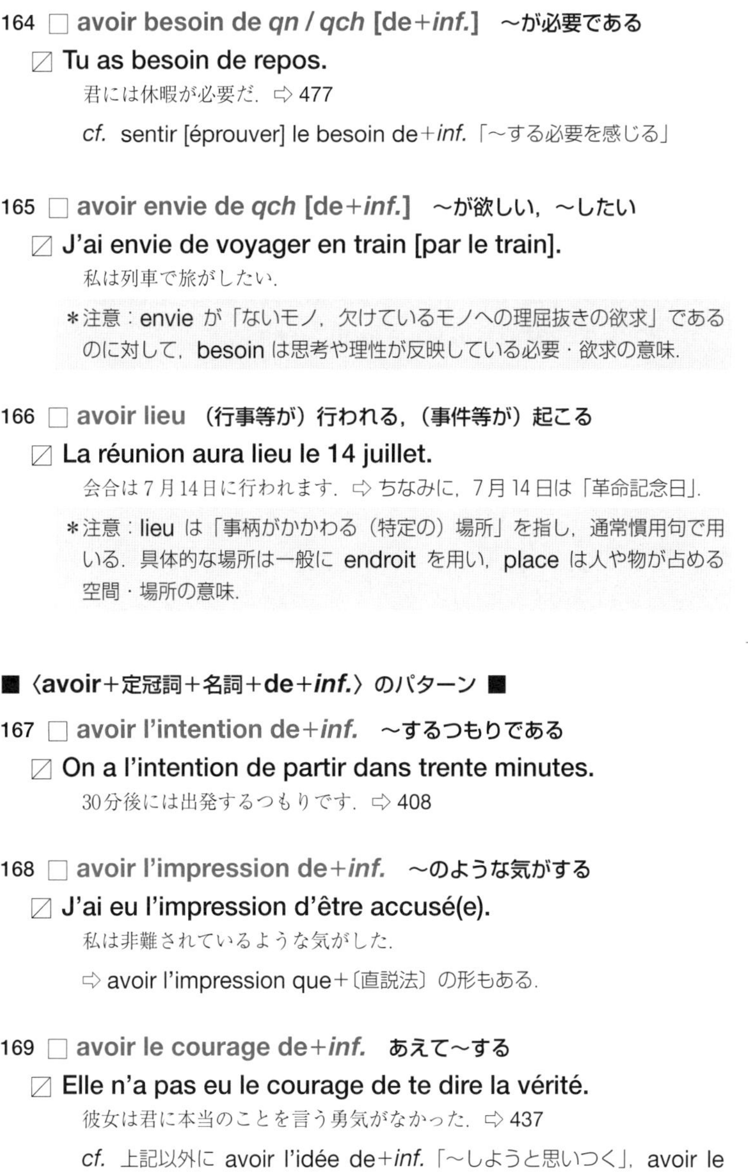

164 □ **avoir besoin de *qn* / *qch* [de+*inf.*]** ～が必要である

☑ **Tu as besoin de repos.**

君には休暇が必要だ．⇨ 477

cf. sentir [éprouver] le besoin de+*inf.*「～する必要を感じる」

165 □ **avoir envie de *qch* [de+*inf.*]** ～が欲しい，～したい

☑ **J'ai envie de voyager en train [par le train].**

私は列車で旅がしたい．

＊注意：envie が「ないモノ，欠けているモノへの理屈抜きの欲求」であるのに対して，besoin は思考や理性が反映している必要・欲求の意味．

166 □ **avoir lieu** （行事等が）行われる，（事件等が）起こる

☑ **La réunion aura lieu le 14 juillet.**

会合は 7 月 14 日に行われます．⇨ ちなみに，7 月 14 日は「革命記念日」．

＊注意：lieu は「事柄がかかわる（特定の）場所」を指し，通常慣用句で用いる．具体的な場所は一般に endroit を用い，place は人や物が占める空間・場所の意味．

■〈**avoir+定冠詞+名詞+de+*inf.***〉のパターン ■

167 □ **avoir l'intention de+*inf.*** ～するつもりである

☑ **On a l'intention de partir dans trente minutes.**

30 分後には出発するつもりです．⇨ 408

168 □ **avoir l'impression de+*inf.*** ～のような気がする

☑ **J'ai eu l'impression d'être accusé(e).**

私は非難されているような気がした．

⇨ avoir l'impression que+〔直説法〕の形もある．

169 □ **avoir le courage de+*inf.*** あえて～する

☑ **Elle n'a pas eu le courage de te dire la vérité.**

彼女は君に本当のことを言う勇気がなかった．⇨ 437

cf. 上記以外に avoir l'idée de+*inf.*「～しようと思いつく」，avoir le temps de+*inf.*「～する暇がある」，avoir l'habitude de+*inf.*「～する習慣がある（慣れている）」といった熟語が重要．

■〈avoir à+*inf.*〉■

170 □ **avoir (*qch*) à+*inf.*** （～を）…しなければならない

□ **J'ai un fax à écrire.**

ファックスを書かなくてはならない．⇨ 331

cf. Vous n'avez rien à déclarer ?

〔税関で〕「申告するものはなにもありませんか」⇨ n'avoir rien à+*inf.*

171 □ **n'avoir pas à+*inf.*** ～する必要はない，～には及ばない

□ **Vous n'avez pas à vous inquiéter.**

あなたが心配することはありません．

172 □ **n'avoir qu'à+*inf.*** ～しさえすればよい

□ **Tu n'as qu'à appuyer sur ce bouton rouge.**

その赤いボタンを押しさえすればいい．⇨ 331

⇨「～だけしなければならない」から「～しさえすればよい」の意味になる．

cf. n'avoir plus qu'à+*inf.*「～するより仕方がない」

■ avoir のその他の動詞句 ■

173 □ **avoir l'air+〔形容詞〕** ～のように見える，～らしい

□ **Elle a l'air fatiguée [fatigué].**

彼女は疲れているようだ．⇨ 通常，形容詞は主語に性数一致する．

174 □ **avoir de la chance (de+*inf.*)** 運がいい，～とはついている

□ **Vous avez de la chance !**

あなたは運がいい．⇨ 488

cf. avoir la chance de+*inf.*「運よく～する，～する幸運にめぐまれる」

＊注意：la chance を用いる場合は特定の好運にめぐまれたケース．

175 □ **avoir (de la) peine à+*inf.*** ～するのに苦労する

□ **Ce patient avait de la peine à marcher.**

その患者は歩行が困難だった．⇨ 525

176 ☐ **avoir bonne [mauvaise] mine** 顔色がよい〔悪い〕

☐ **Il a meilleure mine qu'hier soir.**

彼は昨晩より顔色がよい.

cf. faire mine de+*inf.*「〜するふりをする」⇨ 195

177 ☐ **avoir de l'appétit** 食欲がある

☐ **avoir de l'esprit** ユーモアがある，機知に富んでいる

cf. manger de bon appétit＝manger avec appétit
「もりもり食べる（食欲旺盛だ）」

178 ☐ **avoir (… jours de) congé** （何日間）休む

☐ **Le mois prochain, on aura cinq jours de congé.**

来月，５日間の休暇がとれるだろう.

179 ☐ **avoir rendez-vous (avec *qn*)** （人と）会う約束がある

☐ **J'ai rendez-vous avec mon professeur à dix heures.**

10時に教授と会う約束になっている.

180 ☐ **avoir l'habitude de *qch* (de+*inf.*)**
(1) 〜に慣れている (2) 〜する習慣がある

☐ **Mon père a l'habitude des enfants.**

父は子供の扱いに慣れている.

☐ **Mon père a l'habitude d'aller au bureau en taxi.**

父はタクシーで会社に行くのが習慣です.

cf. prendre [perdre] l'habitude de+*inf.*
「〜する習慣を身につける〔捨てる〕」

cf. par habitude「習慣で」, suivant son habitude「習慣に従って」

être の動詞句

181 ☐ **être à *qn*** 人に属する，人の所有物である

☐ **A qui est ce dictionnaire ? — C'est à moi.**

この辞書は誰のですか. ——私のです.

＝appartenir à *qn* 005 204

182 □ **être à l'aise [à son aise]**

(1) くつろいでいる　(2)（金銭的に）困っていない

☑ **Je suis à l'aise dans ce manteau.**

このコートはゆったりしていて着心地がよい.

cf. être mal à l'aise [à son aise]「居心地が悪い, 気分が悪い」
cf. se mettre à l'aise　「ゆったりした気分になる」
vivre à l'aise　「ゆとりのある生活をする」

183 □ **être à l'heure**　時間通りである

☑ **L'horloge de la cathédrale n'est pas à l'heure.**

カテドラル（大聖堂）の大時計は合っていない.

184 □ **être à table**　食卓についている

☑ **Elles sont encore à table.**

彼女たちはまだ食事中です.　*cf.* se mettre à table「食卓につく」

185 □ **être d'accord avec *qn* [pour+*inf.*]**　〜に賛成である

☑ **Je suis d'accord avec toi.**

僕は君の考えに賛成です. ⇨ 038

186 □ **être**

en avance [retard]	（定刻より）早い〔遅れている〕
en bonne [mauvaise] santé	健康である〔でない〕
en colère	怒っている
en congé	休暇中である
en forme	元気である
en ordre [désordre]	整頓されている〔乱雑である〕

＊注意：常に動詞が être というわけではない.
cf. arriver [partir] en avance / retard, se mettre en colère, *etc.*

187 □ **être en train de+*inf.***　〜している最中である

☑ **Il est en train de lire.**

彼は読書中だ.

＊注意：この train は「列車：連なっているもの」の意味から,「事の進行状態」「事柄が始まっている状態」を指す.

188 □ **être prêt(e) à *qch* [à+*inf.*]**　～の心づもりができている

☑ **Si nécessaire, je suis prêt(e) à t'aider.**

必要ならいつでもお手伝いしますよ．⇨ 274

189 □ **être loin de+*inf.***　～するどころではない，する気はない

☑ **Il est loin d'être satisfait de ce résultat.**

彼はその結果にまったく満足していない．

190 □ **être sur le point de+*inf.***　まさに～しようとしている

☑ **Ma mère était sur le point de sortir.**

母はちょうど出かけるところだった．

＊注意：この le point は事柄が進行しようとする「その１点」の意味．

faire の動詞句

191 □ **ça fait+期間+que+〔直説法〕**　～してから…になる

☑ **Ça fait [Voilà] dix ans qu'il travaille ici.**

彼はここで働いて10年になる．

＊注意：現在まで継続している事柄でも，過去に起こったことでもよい．
Ça fait déjà cinq ans qu'elle a quitté le Japon.
「彼女が日本を去ってもう５年になる」

192 □ **faire attention à *qn* / *qch* [à (de)+*inf.*]**
～(するよう)に注意する

☑ **Fais attention à [de] ne pas oublier.**

忘れ物がないように注意しなさい．

cf. avoir [prendre] soin de qn / qch [de+*inf.*]
「～(するよう)に注意を払う（配慮する)」

193 □ **faire la conversation avec [à] *qn***　人と話をする

☑ **J'ai fait la conversation avec Marie.**

私はマリーと話をした．

cf. avoir une longue conversation avec *qn*「人と長話をする」

194 □ **faire la queue** 列をつくる

☐ **Les petites filles ont fait la queue à l'entrée du cinéma.**

少女たちが映画館の入口で列を作って並んでいた.

195 □ **faire mine de+*inf.*** ～するふりをする

☐ **Elle fait mine d'être contente.**

彼女は（内心はとにかく）満足そうにしている. =faire semblant de 198

196 □ **faire peur à *qn*** 人を怖がらせる，驚かせる

☐ **Le tonnerre fait peur aux enfants.**

雷は子供たちを怖がらせる.

＊注意：faire が「状態の発生(源)」を示すのに対して，avoir は現に置かれている「精神的・肉体的な状態」を示す.
⇨ avoir peur de *qn* / *qch*「～がこわい，心配だ」

197 □ **faire plaisir à *qn*** 人を喜ばせる

☐ **Le Père Noël fait plaisir aux enfants.**

サンタクロースは子供たちを喜ばせる.

cf. avoir le plaisir de+*inf.*「～して嬉しい」

198 □ **faire semblant de+*inf.*** ～するふりをする

☐ **Mon frère faisait semblant de dormir.**

兄（弟）は寝たふりをしていた. ⇨ 475 =faire mine de+*inf.* 195

199

faire	**des [ses] courses**	「買物をする」
	la cuisine	「料理をする」=**cuisiner**
	le ménage	「家事をする，掃除をする，片づける」
	la vaisselle	「皿洗いをする」
	la grasse matinée	「朝寝坊をする」

☐ **Nous avons fait des [nos] courses au supermarché.**

私たちはスーパーで買物をした.

☐ **Ce matin, j'ai fait la grasse matinée.**

今朝，私は朝寝坊をした.

＊注意：この grasse は「べとべとした」という感覚を表わしている.

その他の動詞句・注意すべき動詞　〔動詞アルファベ順〕

200 □ **il s'agit de *qn* / *qch***　～が問題である，～のことである

☑ **De quoi s'agit-il dans ce film français ?**

そのフランス映画はどんな話ですか．

cf. il s'agit de+*inf.*「～することが必要（重要）である」

201 □ **aider *qn* à+*inf.***　人が～するのを助ける

☑ **J'ai aidé mon père à transporter les ordinateurs.**

私は父がコンピュータを運搬するのを手伝った．

202 □ **aimer+*inf.***　～するのが好き，～したい

☑ **J'aimerais te revoir bientôt.**

近いうちにまたお会いしたいものです．

203 □ **aller à *qn* / *qch***　（人に）都合がよい，好みに合う，～に似合う

☑ **Cette coiffure vous va bien.**

その髪形はあなたに似合います．

cf. aller avec *qch*「～と調和する（合う）」⇨ 327

cf. aller aux toilettes「トイレに行く」

204 □ **appartenir à *qn* / *qch***　～のものである

☑ **Cette villa appartient à mon oncle.**

あの別荘は私の叔父のものだ．

cf. il appartient à *qn* de+*inf.*「～するのは人の権利〔義務〕だ」

205 □ **apprendre *qch* [à+*inf.*] / *qch* à *qn***
～を学ぶ，習う／（人に）～を教える

☑ **Elle apprend à conduire depuis un mois.**

彼女は１ヵ月前から運転を習っている．

＊注意：apprendre *qch* [à+*inf.*] で「受動的な態度で初歩を学ぶ」という意味．étudier は「能動的に知識を得る，勉強する，研究する」の意味で，travailler〔自〕は学ぶ対象を明示せずに「勉強する」の意味で用いられる．なお，apprendre が「教える，知らせる」の意味になるのは apprendre *qch* à *qn* のとき．

206 □ **s'approcher de *qn* / *qch*** 〜に近づく

☑ **Elle s'est approchée de la fenêtre.**

彼女は窓に近づいた.

＊注意：approcher de *qch* が客観的に「〜に近づく・近くなる」の意味.
代名動詞は話者の主観「（自分から）近づく」を表す.

207 □ **appuyer sur *qch*** (1) 〜を押す (2) 強調する

☑ **Il a appuyé sur le frein.**

彼はブレーキをかけた.

cf. s'appuyer sur [à, contre] *qn* / *qch*「〜にもたれる，身を支える」

208 □ **cesser *qch* / de+*inf.*** 〜をやめる／〜するのをやめる

☑ **Il a décidé de cesser de fumer.**

彼はタバコをやめることを決心した.

⇨ décider de+*inf.*「〜することを決心する」
cf. ne (pas) cesser de+*inf.*「たえず〜する」
La pluie ne cesse de tomber depuis hier.
「昨日から雨が降り続いている」

209 □ **changer A en B** AをBに変える

□ **changer de *qch*（無冠詞名詞）** 〜を変える

☑ **Il a changé ses dollars en yens.**

彼は手持ちのドルを円に変えた.

cf. changer A pour [contre] B AをBと取り替える

□ **changer A de B（無冠詞名詞）** AのBを変える

☑ **Il a changé sa voiture de place.**

彼は車の置き位置を変えた（移動した）.

☑ **Voulez-vous changer de place avec moi ?**

席を代わっていただけますか.

cf. changer de visage「顔色を変える」＝changer de couleur

□ **changer de robe** 服を着替える

☑ **Elle a changé de robe avant de sortir.**

彼女は外出する前に服を着替えた.

210 □ **charger A de B**　AにBを積みこむ，AをBで一杯にする

☑ **Ma mère m'a chargé de ses paquets.**

母は私にいくつもの荷物を持たせた．⇨ 332

cf. se charger de *qn / qch*「～の面倒を見る，引き受ける」
＝s'occuper de *qn / qch*

211 □ **chercher *qn / qch* / à+*inf.***　～を探す／～しようと努める

☑ **J'ai cherché à comprendre ce qu'elle disait.**

私は彼女の言うことを理解しようと努めた．

＝s'efforcer à+*inf.*, tâcher de+*inf.*
cf. aller [venir] chercher *qn*「（人を）迎えにいく〔来る〕」

212 □ **commencer *qch* / à+*inf.***　～を始める／～し始める

☑ **Il a commencé à neiger.**

〔思っていた通り〕雪が降りだした．

＊注意：commencer à+*inf.* は通常，話者が予想している事態が始まるの意味で使う．se mettre à+*inf.*「～し始める」は唐突な展開，前後の脈絡のない行為のはじまりを表わす．

cf. commencer par *qch* [par+*inf.*]「まず～する，手始めに～する」

213 □ **compter sur *qn / qch***　～をあてにする

☑ **Puis-je compter sur vous ?**

あなたをあてにしていいですか．

cf. compter+*inf.*「～するつもりである，～しようと思う」
Je compte partir demain matin.「明日の朝私は出発するつもりです」
cf. compter A pour B「AをBと見なす」
compter jusqu'à dix「10まで数える」

214 □ **consentir à *qch* / à+*inf.***　～(すること)に同意する

☑ **Je consens avec plaisir à voyager avec vous.**

あなたと旅をすることを喜んで承諾します．

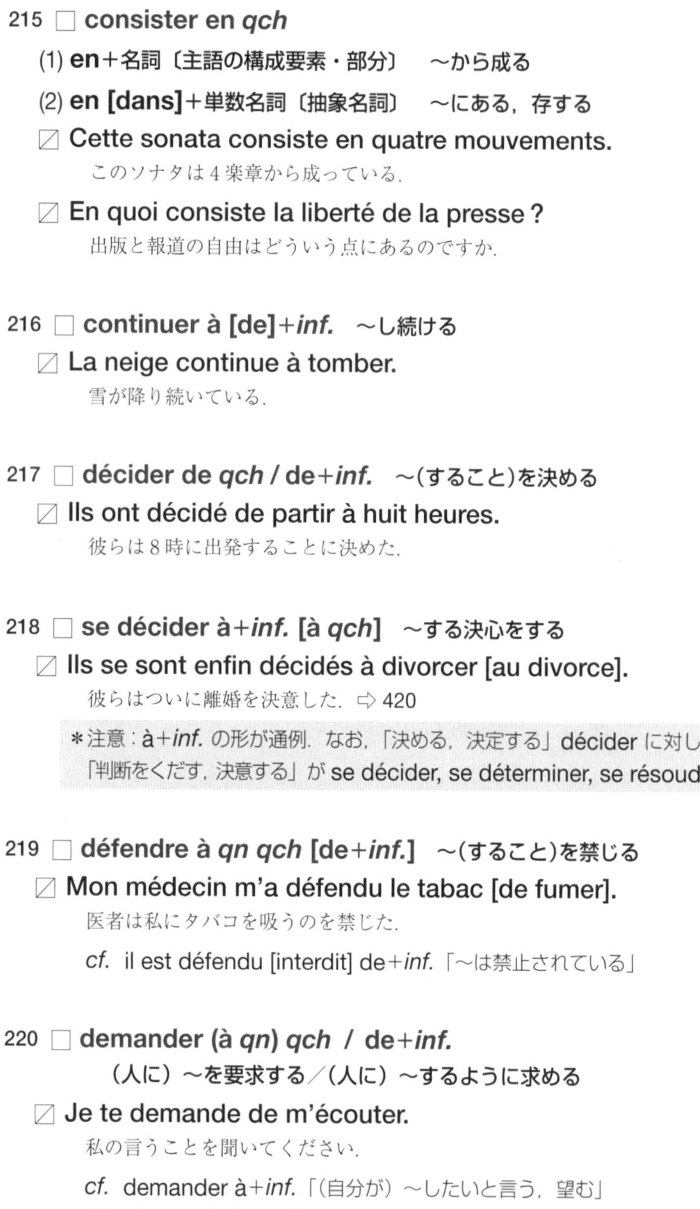

215 □ **consister en *qch***

(1) **en＋名詞〔主語の構成要素・部分〕**　～から成る

(2) **en [dans]＋単数名詞〔抽象名詞〕**　～にある，存する

☑ Cette sonata consiste en quatre mouvements.

このソナタは4楽章から成っている．

☑ En quoi consiste la liberté de la presse ?

出版と報道の自由はどういう点にあるのですか．

216 □ **continuer à [de]＋*inf.***　～し続ける

☑ La neige continue à tomber.

雪が降り続いている．

217 □ **décider de *qch* / de＋*inf.***　～(すること)を決める

☑ Ils ont décidé de partir à huit heures.

彼らは8時に出発することに決めた．

218 □ **se décider à＋*inf.* [à *qch*]**　～する決心をする

☑ Ils se sont enfin décidés à divorcer [au divorce].

彼らはついに離婚を決意した．⇨ 420

＊注意：à＋*inf.* の形が通例．なお，「決める，決定する」décider に対して，「判断をくだす，決意する」が se décider, se déterminer, se résoudre.

219 □ **défendre à *qn qch* [de＋*inf.*]**　～(すること)を禁じる

☑ Mon médecin m'a défendu le tabac [de fumer].

医者は私にタバコを吸うのを禁じた．

cf. il est défendu [interdit] de＋*inf.*「～は禁止されている」

220 □ **demander (à *qn*) *qch* / de＋*inf.***

（人に）～を要求する／（人に）～するように求める

☑ Je te demande de m'écouter.

私の言うことを聞いてください．

cf. demander à＋*inf.*「(自分が）～したいと言う，望む」
Elle demande à partir tout de suite.「彼女はすぐに帰りたがっている」

221 □ **dépendre de *qn* / *qch*** ～しだいである

☑ **Votre succès dépend de votre travail.**

あなたの成功はあなたの働きしだいです. ⇨ 512

222 □ **désirer+*inf.*** ～したいと思う

☑ **Je désire connaître la vérité.**

私は真実が知りたい.

223 □ **dire (à *qn*) *qch* / de+*inf.*** （人に）～を言う／～するよう命じる

☑ **Le professeur a dit à l'étudiant d'attendre dans le couloir.**

教師は学生に廊下で待つようにと言った.

cf. ordonner [commander] à *qn* de+*inf.*「人に～するよう命令する」

224 □ **diriger *qch* sur [vers, contre] *qn* / *qch***

～を…に送る，向ける

☑ **L'instituteur a dirigé son attention sur ses élèves.**

先生は生徒たちに注意を向けた.

225 □ **se douter de *qch*** ～を予想する，～かもしれないと思う

☑ **Je ne me doutais de rien.**

私はなにも気づいていなかった.

226 □ **échapper à *qn* / *qch***

〔人が主語で〕～を逃れる 〔物が主語で〕～から逃れ去る

☑ **Le voleur a échappé à la police.**

泥棒は警察の手を逃れた.

cf. s'échapper de「～から逃げる」

227 □ **empêcher *qn* de+*inf.*** 人が～するのを妨げる

☑ **Le mauvais temps nous a empêché(e)s de partir.**

悪天候のせいで私たちは出発できなかった.

＝Nous n'avons pas pu partir à cause du mauvais temps.

cf. ne pas pouvoir s'empêcher de+*inf.*「～せずにはいられない」

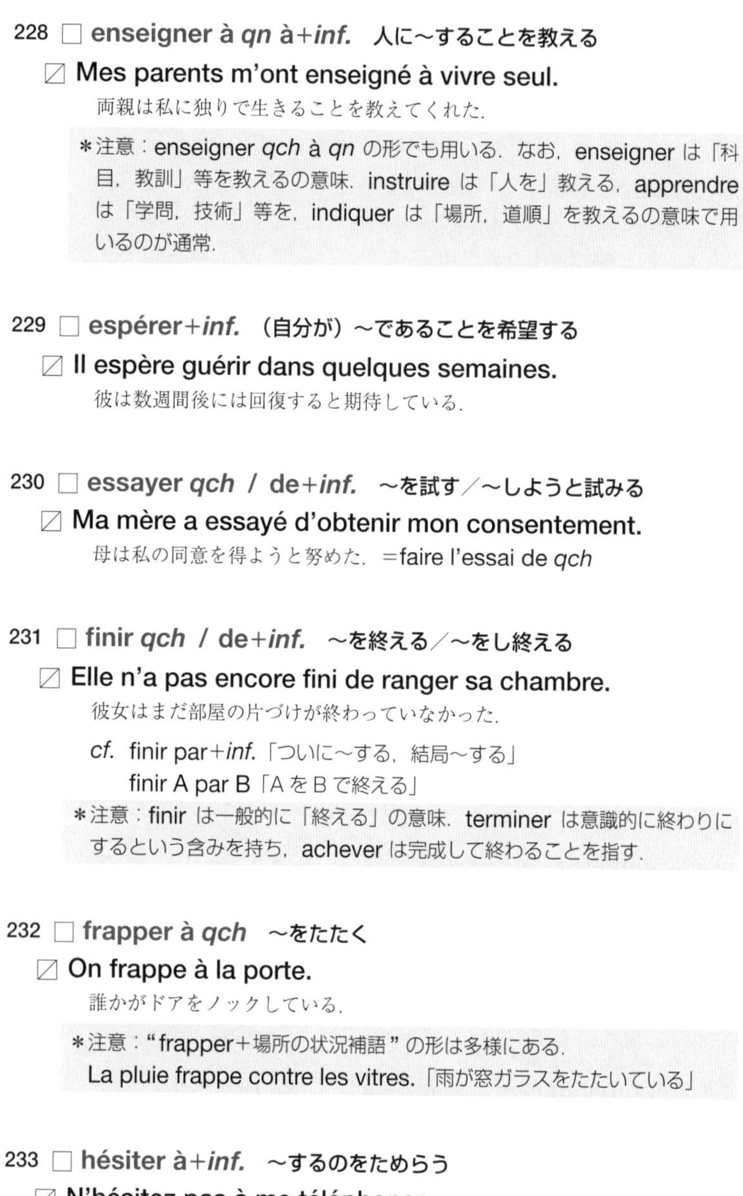

228 □ **enseigner à *qn* à+*inf.*** 人に～することを教える

⧄ **Mes parents m'ont enseigné à vivre seul.**

両親は私に独りで生きることを教えてくれた.

＊注意：enseigner *qch* à *qn* の形でも用いる．なお，enseigner は「科目，教訓」等を教えるの意味．instruire は「人を」教える，apprendre は「学問，技術」等を，indiquer は「場所，道順」を教えるの意味で用いるのが通常.

229 □ **espérer+*inf.*** （自分が）～であることを希望する

⧄ **Il espère guérir dans quelques semaines.**

彼は数週間後には回復すると期待している.

230 □ **essayer *qch* / de+*inf.*** ～を試す／～しようと試みる

⧄ **Ma mère a essayé d'obtenir mon consentement.**

母は私の同意を得ようと努めた. =faire l'essai de *qch*

52

▶240

231 □ **finir *qch* / de+*inf.*** ～を終える／～をし終える

⧄ **Elle n'a pas encore fini de ranger sa chambre.**

彼女はまだ部屋の片づけが終わっていなかった.

cf. finir par+*inf.*「ついに～する，結局～する」
finir A par B「A を B で終える」

＊注意：finir は一般的に「終える」の意味．terminer は意識的に終わりにするという含みを持ち，achever は完成して終わることを指す.

232 □ **frapper à *qch*** ～をたたく

⧄ **On frappe à la porte.**

誰かがドアをノックしている.

＊注意：“frapper＋場所の状況補語”の形は多様にある.
La pluie frappe contre les vitres.「雨が窓ガラスをたたいている」

233 □ **hésiter à+*inf.*** ～するのをためらう

⧄ **N'hésitez pas à me téléphoner.**

遠慮なく電話してください.

234 ☐ **insister sur *qch*** ～を強調（力説）する

☑ **Je dois insister sur ce point.**

私はこの点を強調しなくてはならない.

235 ☐ **interdire *qch* à *qn* [à *qn* de+*inf.*]** 人に～を禁じる

☑ **La mauvaise santé de mon père lui interdit de boire.**

父は体調がすぐれないので酒が飲めない. ⇨ 擬人的な主語の例.

236 ☐ **lutter contre *qn* / *qch*** ～と戦う

☑ **Elle luttait contre le sommeil.**

彼女は眠気と戦っていた.

cf. lutter pour *qch* [+*inf.*]「～(する)ために戦う」

237 ☐ **manquer de *qch* / de+*inf.*** ～が足りない／危うく～する

☑ **Ce plat manque de sel.**

この料理は塩が足りない.

cf. manquer à *qch*「～に背く」 manquer à *qn*「～がいなくて寂しい」

☑ **Il a manqué (de) tomber.**

彼は(危うく)転びそうになった. ⇨ 肯定文では de を省くことがある.

238 ☐ **se marier avec *qn*** 人と結婚する

☑ **Anne s'est mariée avec un jeune homme d'affaires.**

アンヌは青年実業家と結婚した. ＝épouser *qn*

＊注意：「結婚している」という状態には être marié(e) を用いる.

239 ☐ **mettre *qn* / *qch* en *qch*** （ある状態に）置く，する

☑ **J'ai mis ma chambre en ordre ce matin.**

私は今朝，部屋を整頓した.

cf. mettre *qn* en colère「人を怒らせる」
mettre *qch* en délibération「～を討議する」
mettre *qch* en marche「～を動かす」

cf. mettre A en B（言語）「A を B（言語）に訳す」
On doit mettre ce texte français en japonais.
「そのフランス語の原文を日本語に訳さなくてはならない」
＝traduire A en B（言語）＝rendre A en B（言語）

240 □ **se mettre à+*inf.* [à *qch*]** 〜し始める〔予想外の事態・展開〕

☑ **Tout à coup, elle s'est mise à pleurer.**

突然，彼女は泣きだした．⇨ *cf.* commencer à+*inf.* 009

241 □ **s'occuper de *qn* / *qch*** 〜の世話をする，従事する，気にする

☑ **Ne vous occupez pas de moi !**

私に構わないでください．⇨ 520

242 □ **offrir à *qn* de+*inf.*** 人に〜することを提案する，申し出る

☑ **Elle m'a offert de m'accompagner jusqu'à la gare.**

彼女は私に駅まで送ろうと言ってくれた．

＝proposer à *qn* de+*inf.*「人に〜するように申し出る」⇨ 254

243 □ **oublier *qch*(*qn*) / de+*inf.*** 〜を忘れる／〜するのを忘れる

☑ **N'oubliez pas de me téléphoner ce soir.**

忘れずに今晩私に電話してください．

＝Ne manquez pas de me téléphoner ce soir.
＝Téléphonez-moi ce soir sans faute.

244 □ **pardonner à *qn* [*qch* à *qn*]** 人を許す，人に〜を許す

☑ **Pardonnez-moi cette erreur.**

このミスを許してください．

245 □ **participer à *qch*** 〜に参加する

☑ **Nous avons participé à cette grève.**

私たちはそのストに参加した．＝prendre part à *qch*

＊注意：「費用を分担する」payer sa part の意味でも使う．
Tous les gens présents ont participé aux frais du repas.
「参加者全員が各自で食費を負担した」

246 □ **passer pour+属詞 [pour+*inf.*]** 〜として通る，みなされる

☑ **Monsieur André passe pour très riche.**

アンドレ氏は大金持ちという評判だ．⇨ 358

247 □ **se passer de *qn* / *qch* [de+*inf.*]**　～なしで済ます

☑ **Mon père ne peut pas se passer de fumer.**

父はタバコを吸わずにはいられない. ⇨ 358

248 □ **se passionner pour *qch***　～に夢中になる

☑ **Elle s'est passionnée pour la littérature française.**

彼女はフランス文学に熱をあげた.

cf. s'enthousiasmer pour *qch*「～に熱狂する，夢中になる」
être fou [folle] de *qn* / *qch*「～に夢中である」⇨ 393

249 □ **penser à *qn* / *qch* / à+*inf.***　～を考える／～しようと思う

☑ **A quoi [A qui] pensez-vous ?**

何〔誰のこと〕を考えていますか. ⇨ 015

☑ **Ma fille ne pense qu'à s'amuser.**

私の娘は遊ぶことしか考えていない.

250 □ **permettre *qch* à *qn* [à *qn* de+*inf.*]**　人に～(するの)を許す

☑ **Permettez-moi de vous présenter mon ami Bernard.**

友人のベルナールを紹介させていただきます.

251 □ **se porter bien [mal]**　元気である〔健康がすぐれない〕

☑ **Votre mère se porte bien ?**

お母さんはお元気ですか. ＝aller bien ⇨ 327

252 □ **prendre A pour B**　A を B だと思う，間違える

☑ **Je l'ai prise pour sa sœur.**

私は彼女を姉（妹）と間違えた. ＝confondre A avec B

cf. se méprendre sur *qn* / *qch*「～を取り違える」

253 □ **prier *qn* de+*inf.***　人に～するように頼む

☑ **Je te prie de me pardonner.**

どうぞ許してください.

＊注意：直訳は「君に私を許してくれるように頼む」. prier *qn* を「人に」と訳す点に注意.

254 □ **proposer à *qn* de+*inf.*** 人に〜するように勧める，申し出る

☑ **Je te propose de venir déjeuner chez moi.**

うちに昼食にいらっしゃい．

cf. suggérer à *qn* de+*inf.*「人に〜することを提案（暗示）する」

☑ **Il m'a proposé de me raccompagner.**

彼は私に送っていこうと言った．⇨ 242

255 □ **protester contre *qn* / *qch*** 〜に抗議する，反対する

☑ **Il faut protester contre un tel impôt.**

そんな税金には抗議しなくてはならない．

256 □ **se rapporter à *qn* / *qch*** 〜に関係する，かかわる

☑ **Je pense que cela ne se rapporte pas au sujet.**

それは主題とは無関係だと思う．

257 □ **réfléchir à [sur] *qch*** 〜についてよく考える

☑ **On va réfléchir sur ce projet.**

その計画についてじっくり考えよう．

＊注意：sur を用いると対象を「詳しく，じっくり考える」の含みを持つ．

258 □ **remercier *qn* de [pour] *qch*** 人に〜を感謝する

☑ **Je vous remercie de vos conseils.**

ご忠告に感謝します．⇨ ご忠告に対してあなたに感謝します．

＊注意：具体的な物に対する礼には pour を用いる．なお remercier *qn* を「人に」と訳す点に注意．

259 □ **rendre service à *qn*** 人の役に立つ，貢献する

☑ **Il m'a rendu service en me prêtant son ordinateur.**

彼は親切にも私にコンピュータを貸してくれた．

260 □ **se rendre compte de *qch* [*que*+〔直説法〕]**

〜に気づく，〜を理解する

☑ **Il faut se rendre compte de sa situation.**

彼（彼女）の立場を理解してあげるべきだ．

261 □ **ressembler à *qn / qch*** ～に似ている

□ **Elle ressemble beaucoup à sa mère.**

彼女は母親にとてもよく似ている.

cf. se ressembler comme deux gouttes d'eau
「瓜二つだ，そっくりだ」

262 □ **réussir à *qch* [à+*inf.*]** ～に成功する

□ **J'ai reussi à les convaincre.**

私は彼ら（彼女ら）をうまく説得できた.

cf. réussir à *qn*「人によい結果をもたらす，人のためになる」

263 □ **rompre avec *qn*** 人と絶交する，決別する

□ **Avez-vous rompu avec votre meilleur ami ?**

あなたは親友と絶交したのですか.

264 □ **savoir+*inf.*** ～することができる，～するすべを心得ている

□ **Elle ne sait pas nager.**

彼女は泳げない.

＊注意：彼女は泳げない＝「かなづち」の意味．たまたま，体調等の理由で「泳げない」の意味なら，Elle ne peut pas nager. となる．つまり，pouvoir がある限られた条件下での可能性を示すのに対して，savoir は生得的能力（学習・訓練によって得たものを含む）を示す.

265 □ **séparer A de [d'avec, et] B** A を B から分ける，引き離す

□ **La Manche sépare la France de l'Angleterre.**

英仏海峡がフランスとイギリスとを隔てている.

266 □ **servir à *qn / qch*** ～に役立つ，～に使われる

□ **Ce livre m'a servi à [pour] préparer l'examen.**

この本は試験の準備にとても役立った.

cf. servir de *qch*「～として役立つ」⇨ 367

267 □ **se servir de *qch*** ～を使う，利用する

□ **se servir (de) *qch*** 自分で取り分ける，自分でつぐ

□ **Puis-je me servir de ta voiture demain ?**

明日君の車を使ってもいいですか.

268 □ **se souvenir de *qn* / *qch* [de+*inf.*]**
〜を思い出す，〜したことを覚えている

☐ **Je me souviens de l'avoir rencontré(e).**
私は彼（彼女）に出会ったのを覚えている．⇨不定詞は通常複合形をとる．

269 □ **tenir à *qn* / *qch*** 〜に愛着を覚える，大事にしている

□ **tenir à+*inf.*** どうしても〜したいと思う

□ **tenir compte de *qch*** 〜を考慮する，計算に入れる

☐ **Je tiens beaucoup à mes amis.**
私は友人を非常に大切にしている．

☐ **Cette petite fille tenait absolument à venir avec moi.**
その少女はどうしても私と一緒に来たがった．

☐ **Vous devez tenir compte de ces conditions.**
あなたはこれらの条件を考慮しなければならない．

270 □ **tenter de+*inf.*** 〜しようと試みる（努める）

☐ **Le prisonnier a tenté de s'évader de la prison.**
囚人は脱獄を試みた．

＊注意：tenter de+*inf.* は改まった言い方，通常は essayer de+*inf.* を用いる．なお，s'efforcer de+*inf.* は「懸命に〜しようと努める」という強い意味．

271 □ **transformer A en B** A を B に変える

☐ **On a transformé une église en hôpital.**
教会が病院に変えられた．

272 □ **il vaut mieux+*inf.* [*que*+〔接続法〕]** 〜する方がよい

☐ **Il vaut mieux arrêter le débat avant la dispute.**
口論になる前に議論をやめた方がよい．

273 □ **vouloir dire *qch*** 〜の意味である

☐ **Qu'est-ce que cela veut dire ?**
それはどういうことですか．＝signifier ⇨ 380

＊注意：人を主語にして「主張する」のニュアンスも表わす．
Que veux-tu dire ?「何が言いたいのですか」

形容詞＋前置詞 [à, de]

■ être＋形容詞＋à＋*inf.* ■

274 **difficile / facile / lent / long / prêt,** ***etc.***

☐ **C'est facile à dire, mais difficile à faire.**
言うは易く，行うは難し.
⇨ La critique est aisée, (mais) l'art est difficile. とも言う.

☐ **Il est facile à vivre.**
彼は気のおけない人だ（協調的だ）.
＊注意：この facile は「（性格などが）きさくな，協調的な」の意味.

☐ **Monsieur Boileau n'est-il pas un peu lent à comprendre ?**
ボワロー氏は少しのみ込みが悪くないですか.
⇨ Monsieur Boileau n'a-t-il pas l'esprit un peu lent ? とも書ける.

☐ **Cet enfant est long à manger sa soupe.**
その子供はなかなか自分のスープを飲もうとしない
⇨ être long à＋*inf.*「なかなか～しない」

☐ **On est prêt à partir (au départ).**
出発の準備ができている. ⇨ 188

■ 名詞の前・後で意味を異にする形容詞の例

un bon homme	お人よし	un homme bon	善良な人
un brave homme	正直人，善人	un homme brave	勇敢な人
la dernière année	最後の年	l'année dernière	去年
un grand homme	偉人	un homme grand	背の高い人
un pauvre homme	哀れな人	un homme pauvre	貧しい人
une triste histoire	いやな話	une histoire triste	悲しい話
un vieil ami	旧友	un ami vieux	年老いた友人

＊注意：名詞に後置される形容詞が名詞の前に置かれると強調（感情・皮肉を含む）のニュアンスとなるケースが多い.

■ 形容詞＋à＋名詞 ■

275 □ **agréable à *inf.*** 〜(するの)に快い
□ **égal à *qn / qch*** 〜と等しい
□ **égal à *qn*** 〜にとってどうでもよい
□ **étranger à *qn / qch*** 〜に関係のない，知られていない
□ **fidèle à *qn / qch*** 〜に忠実な
□ **indifférent à *qn / qch*** 〜に対して無関心である
□ **indifférent à *qn*** 人にとってどうでもよい（興味がない）
□ **inférieur à *qn / qch*** 〜より劣った，小さい（低い）
□ **inutile à *qn / qch*** 〜の役に立たない
□ **présent à *qch*** 〜に出席する，〜に居合わせる
□ **propre à *qch* [à+*inf.*]** 〜(するの)に適した
□ **supérieur à *qn / qch*** 〜より優れた，大きい（高い） ***etc.***

60
▶275

☑ Cela (Ça) lui est égal.
それは彼（彼女）にとってどうでも（どちらでも）いいことだ.
＊注意：à *qn* は補語人称代名詞になる.

☑ Ce chien était fidèle à son maître.
その犬は主人に忠実だった.

☑ Ma sœur est indifférente à la météo.
姉（妹）は天気予報に関心がない.

☑ Ton avenir m'est complètement indifférent.
君の将来など僕にはまったくどうでもよい.

☑ Cela est inutile à retenir.
それは覚えても何にもならない.

☑ Il était présent à cette réunion.
彼はその会議に出席していた.

☑ Vous êtes propre à ce travail, je pense.
あなたはこの仕事に向いていると思う.

☑ Elle est d'une taille supérieure à la moyenne.
彼女は平均よりも背が高い. ⇔ inférieur à *qn / qch*
cf. en moyenne「平均して」⇨ 304

■ il est+形容詞+de+*inf.* [que+〔接続法〕] ■

276 **agréable / important / inutile / naturel / normal nécessaire / possible / impossible, *etc.***

☐ **Il est important de faire de son mieux.**
最善を尽くすことが大切だ. ⇨ faire de son mieux「最善を尽くす」

☐ **Il est nécessaire de réfléchir avant d'agir.**
行動する前によく考える必要がある.

☐ **Il m'est impossible de lire ce livre en deux jours.**
この本を２日で読むなんて私にはできない.

⇔ Il est possible (à *qn*) de+*inf.*

■ il est+形容詞+(à *qn*) de+*inf.* ■

277 **difficile / facile / permis, *etc.***

☐ **Il est difficile de comprendre le français.**
フランス語を理解するのは難しい.

cf. Le français est difficile à comprendre.
「フランス語はわかりにくい」⇨ 274

☐ **Il vous est facile de résoudre ce problème.**
この問題を解くのはあなたにはわけない.

☐ **Il n'est pas permis aux Juifs de travailler le samedi.**
ユダヤ人は土曜日に仕事をすることは許されていない.

■ être+形容詞+de+*inf.* ■

278 **capable / digne / heureux / inquiet / sûr / surpris, *etc.***

☐ **Ce roman n'est pas digne d'être lu.**
この小説は読むに値しない.

☐ **Je suis heureux de vous voir.**
お会いできて嬉しいです（はじめまして).

☐ **Je suis inquiet de n'avoir aucune nouvelle de ma fille.**
娘からなんの便りもないので心配だ.

☐ **Elle était très surprise de nous voir ici.**
彼女はこんなところで私たちと会ってとても驚いていた.

■ 形容詞＋de＋名詞 ■

279 □ **absent de *qch*** ～にいない，不在の（留守の）
□ **capable de *qch*** ～のできる，可能な
□ **différent de *qn* / *qch*** ～とは違った
□ **digne de *qn*** ～に似つかわしい
□ **indépendant de *qn* / *qch*** ～から独立している
□ **inquiet de [pour] *qch*** ～のことで心配する
□ **plein de *qch* / *qn*** ～に満ちた，～にあふれた
□ **satisfait de *qn* / *qch*** ～に満足した
□ **voisin de *qch*** ～に隣接した ***etc.***

☐ Aujourd'hui, il est absent du bureau.
今日，彼は会社を休んでいる.

☐ Son opinion est différente de la nôtre.
彼（彼女）の意見は私たちとは違う.

☐ Il y a plein de monde dans la rue.
通りは大変な人出だ. =Il y a beaucoup de monde dans la rue.
⇨ plein de＋無冠詞名詞「（物が）～に満ちた」「（人が）～にあふれた」

☐ Vous êtes satisfait(e) de cette réponse ?
あなたはその返事に満足していますか.
cf. satisfaire à *qch*「～を満足させる」
satisfaire *qn*「人を喜ばせる」

■ 不定代名詞＋de＋形容詞 ■

280 **personne de**＋形容詞（過去分詞）: 男性単数形
quelque chose de＋形容詞 : 男性単数形
rien de＋形容詞（過去分詞）: 男性単数形

☐ Y a-t-il quelque chose de nouveau ?
なにか目新しいことはありますか. ⇨ 019

☐ Je n'ai rien de spécial à te dire.
君に特に言うことはなにもありません.
cf. n'avoir rien à＋*inf.* ⇨ 170

仏検２級対応

（準１級準備レベルを含む）

前置詞に着目・基本熟語の例

■ à ■

281 □ **à fond** (1) 徹底的に，完全に (2) 深く

☑ **Nous avons étudié le français à fond.**

私たちは徹底的にフランス語を研究した.

⇨ étudier *qch* à fond 「～を徹底的に研究する」
connaître *qch* à fond 「～に精通している」
examiner *qch* à fond 「～を徹底的に調査する」
cf. au fond「結局のところ，実際」⇨ 126

282 □ **à l'envers** (1) 裏返しに，逆さまに (2) ごちゃごちゃに

☑ **Elle a mis son pull à l'envers.**

彼女はセーターを裏返しに着ている.

⇨ mettre *qch* à l'envers「～を逆さまに着る」
avoir l'esprit [la tête] à l'envers「頭が混乱している」
cf. à l'endroit「表にして，表がでるように」

283 □ **à la fin** 最後には，とうとう，結局

☑ **A la fin, elle a accepté d'y aller.**

結局，彼女はそこに行くことを承知した. ⇨ 499

＊注意：à la fin は会話でいらだちを表わす表現にも用いる.
cf. à la fin de＋月，年代「～の終わりに（末に）」
Nous étions à la fin du mois de janvier.「1月の末のことだった」
＊注意：前置詞などを省いて Nous étions fin janvier. ともいう.

284 □ **à moitié** 半分，半ば

☑ **Mon père ne fait rien à moitié.**

父は何事も中途半端にしない.

cf. à moitié chemin「中途（途中）で」 à moitié prix「半値で」
cf. par (la) moitié「半分に」
⇨ diviser [partager] *qch* par moitié「～を半分に分ける」

285 □ **à la fois** 同時に，一度に

☑ **Il est difficile de faire deux choses à la fois.**

同時に2つのことをするのはむずかしい．＝en même temps

☑ **Elle est à la fois intelligente et travailleuse.**

彼女は頭も良いが勤勉でもある．

⇨ à la fois＋形容詞＋et＋形容詞＝en même temps

286 □ **à bon droit** 当然，正当に

☑ **C'est à bon droit qu'il se plaint !**

彼が文句を言うのはもっともだ．

＝il est naturel [il va sans dire] que＋〔接続法〕

287 □ **à l'instant** すぐに，たった今

☑ **J'arrive à l'instant !**

今すぐ行きます．⇨ 441

cf. à chaque instant＝à tout instant「絶えず」

288 □ **à la légère** 軽々しく

☑ **Vous devez réfléchir et non décider à la légère.**

軽々に事を決めずによく考えるべきです．

cf. parler à la légère「でまかせにしゃべる」＝parler au hasard
prendre *qch* à la légère「〜を軽く考える」

＊注意：à la＋〔形容詞・名詞〕＝à la manière＋〔形容詞・de＋名詞〕で「〜風に〔の〕」の意味になる．
⇨ à la française「フランス風に」＝à la manière française

289 □ **au besoin** 必要な場合には，まさかのときには

☑ **Faxez-moi votre réclamation au besoin.**

必要な場合にはあなたの苦情（クレーム）をファックスしてください．

＝en cas de besoin

290 □ **au hasard** 行き当たりばったりに，でたらめに

☑ **Nous nous sommes promené(e)s au hasard dans les bois.**

私たちは林の中を当てもなく散策した．

⇨ laisser *qch* au hasard「〜を成り行きにまかせる」

291 □ **au total** (1) 合計して＝**en tout**，全部で (2) 結局，要するに

☑ **Ça fait cent euros au total.**

全部で100ユーロになる．

■ **de** ■

292 □ **de bon cœur** 心から，喜んで

☑ **Elles ont accepté de bon cœur.**

彼女たちは快よく承諾してくれた．＝avec plaisir

cf. avoir bon cœur「思いやりがある」＝avoir du cœur
avec cœur「熱心に，身を入れて」，par cœur「暗記して」⇨ 315

293 □ **de côté** (1) 斜めに，脇に (2) 別にして

⇨ regarder de côté「横目で見る」

⇨ mettre *qch* de côté「～を別にとっておく，取りのける」

cf. mettre de l'argent de côté「金を別にとっておく，貯金する」

cf. à côté「そばに」，à côté de *qn* / *qch*「～のそばに」

294 □ **de force** (1) 力の，力に頼る (2) 力ずくで，無理やりに

☑ **Un manifestant y est entré de force.**

デモの参加者が力ずくでなかに入った．

cf. être de force à＋*inf.*「～する力がある（できる）」＝être capable de＋*inf.*

cf. en force「大勢で，力をこめて」，de toutes ses forces「全力で」⇨ 135

295 □ **de marque** 有名銘柄の，（人が）一流の

☑ **C'est un produit de marque.**

これはブランド品（メーカー品）です．

296 □ **de mémoire** そらで，記憶に頼って＝**par cœur**

⇨ jouer de mémoire「暗譜で演奏する」

297 □ **de toute(s) façon(s)** いずれにしても

☑ **Je vous rappellerai de toute façon.**

いずれにしてもまた電話します．

298 □ **de face**　正面の，正面から

☐ **Elle est plus belle de face que de profil.**

彼女は横顔より正面からの方がもっときれいです.

cf. en face「正面に，面と向かって」
regarder en face「直視する」
dire à *qn*＋*qch*＋en face「人に面と向かって～と言う」

299 □ **de la sorte**　そんな風に，こんな風に

☐ **Tu ne devrais pas t'habiller de la sorte.**

そんな恰好はしないほうがいいのに.

cf. faire en sorte de＋*inf.*「～するようにする」
Fais en sorte d'être à l'heure, la prochaine fois.
「この次は時間に間に合うようにしなさい」

300 □ **de nos jours**　今日，現代では

cf. de jour「昼間の，24時間（勤務）の」
du jour「今日の，現代の」⇨ plat du jour「本日のお勧め料理」

■ en ■

301 □ **en détail**　詳細に

☐ **Raconte-moi tout en détail.**

すべて詳しく話して.

⇨ raconter *qch* en détail「～を詳細に語る」

302 □ **en chemin**　(1) 途中で，道々　(2) 中途半端に

⇨ s'arrêter en chemin「中途でやめる」
cf. sur le chemin (de ...)「(～の)途中で，途次に」
se mettre sur le chemin de *qn*「～の道をふさぐ，邪魔する」

303 □ **en commun**　共同の，共同で

☐ **On a fait ce travail en commun.**

共同でその仕事をした.

⇨ avoir *qch* en commun「～を共有する，分かち合う」

304 □ **en moyenne**　平均して

☐ **Il travaille en moyenne huit heures par jour.**

彼は1日平均8時間働く.

305 □ **en somme** 要するに，結局（結果は）

＊注意：この「要するに」は en conclusion「結論として」の意味.「最後に，ついに」finallement の意味ではない.

306 □ **en tête** (1) 先頭に（で），内心 (2) 頭にかぶって

▱ **La maîtresse marchait en tête de ses élèves.**

女教師が生徒たちの先頭に立って歩いていた.

cf. arriver en tête「トップでゴールインする」

■ avec ■

307 □ **avec [dans] l'intention de+*inf.*** ～するつもりで

＝dans le but de+*inf.* ⇨ 408

＊注意：avec intention「故意に，わざと」という熟語を載せている仏和辞典を多く見かけるが，この表現はあまり使われない. sans intention「うっかり，故意ではなく」はよく使われる.

308 □ **avec impatience** じりじりしながら＝**impatiemment**

⇨ attendre *qn* avec impatience「じりじりと人を待つ」

▶305

309 □ **avec soin** 念入りに，丁寧に＝**soigneusement**

▱ **Il faut travailler avec soin.**

仕事は念入りにしなければならない.

⇔ sans soin「ぞんざいに，だらしない」

310 □ **avec adresse** 巧みに，器用に＝**avec habileté, adroitement**

311 □ **avec succès** 成功して，首尾よく

⇨ s'en tirer avec succès「首尾よく切り抜ける」

⇔ sans succès「不成功に，不首尾に」

■ dans ■

312 □ **dans l'ensemble** 全体としては，概して＝**en gros**

▱ **Cette politique a eu du succès dans l'ensemble.**

この政策は全体としては成功だった.

313 □ **dans le privé** プライベートでは，内輪では

⇨ connaître *qn* dans le privé「人と個人的に知り合いである」

314 □ **dans les grandes lignes** 大づかみに，概略的に＝**en gros**

⇨ grandes lignes は「大筋，概要」の意味.
cf. entrer en ligne de compte「考慮の対象となる」

■ par ■

315 □ **par cœur** 暗記して，そらで＝**de mémoire**

⇨ apprendre *qch* par cœur「〜を暗記する」⇨ 154

316 □ **par hasard** (1) 偶然に (2)〔質問の文章で〕ひょっとして

☐ **Est-ce que, par hasard, vous auriez une cigarette ?**
(ひょっとして)タバコをお持ちじゃありませんか.

317 □ **par nature** 生まれつき＝**de nature**

☐ **Elle est triste par nature.**
彼女は生れつき陰気です.

cf. en nature「現物で」⇔ en espèces「現金で」
Vous payez par chèque ou en espèces ?
「お支払いは小切手ですか現金ですか」
⇨「クレジットカードで」は avec une carte de crédit という.

318 □ **par bonheur [malheur]** 幸運〔不幸〕にも

＝par chance [malchance] ⇨ 488

319 □ **par contre** その代わり，それに対し

☐ **C'est un étudiant brillant ; par contre, il est nul en sport.**
よくできる学生だが，その代わりスポーツはまるっきり駄目だ.

■ sans ■

320 □ **sans pareil(le)** 比類のない

☐ **Votre intelligence est sans pareille.**
あなたの知性は類いまれだ.

＊注意：pareil は性数の変化をする点に注意.

321 □ **sans arrêt** 絶え間なく，とめどなく

⇨ parler sans arrêt「のべつしゃべりまくる」

322 □ **sans façon(s)**　気取らずに，遠慮なく，気取らない

☐ **Non merci, sans façon(s).**

〔申し出を断って〕いいえ，本当に結構です．

cf. faire des façons「気取る，勿体をつける」

323 □ **sans faute**　かならず，きっと

☐ **Téléphone-moi à midi, sans faute.**

かならず昼に電話して．⇨ 158

＊注意：sans erreur(s)「誤りなしに，間違えずに」の意味ではない．

324 □ **sans peine**　苦もなく，容易に

cf. non sans peine「かなり手こずって」
avec peine「苦労して，やっとのことで」
avoir de la peine à+*inf.*「〜するのに苦労する」⇨ 503

基本動詞の盲点　アルファベ順．

＊2級レベルでは，3・4・5級レベルで頻度の高い基本的な動詞・形容詞・副詞等が持っている多様な意味・用法に通じていなくてはならない．admettre「認める，許可する」，aider「助ける」といった知識だけでは対応しきれない例を見ていく．

325 admettre

☐ **Cette salle admet plus de deux cents personnes.**

この会場は200人以上の収容能力がある．⇨「(場所が) 〜を収容できる」

cf. abriter「(家や建物などが) 収容する能力がある」
Cet immeuble abrite dix familles.
「この建物には10世帯が住んでいる．」

326 aider

☐ **La fatigue aidant, je me suis endormi(e) tout de suite.**

疲れていたこともあって，私はすぐに寝た．

⇨ 名詞+aidant「〜も加わって，〜の助けがあって」

327 aller

（基本確認）

(1) 〈～＋場所を表す状況補語〉 ～に行く

Cet hiver, je vais en France. この冬，私はフランスに行く．

(2) 〈～＋***inf.***〉 ① 近接未来 ～しようとしている

② ～しに行く

＊②の表現では場所の移動のニュアンスが文脈に含まれる．

(3) 〈～＋様態を表す状況補語〉（体調等）調子が～だ

Comment va votre père ? お父さんはお元気ですか．

＝Comment se porte votre père ?

cf. aller bien＝se porter bien「元気である」

☑ **Quelle rue va à la place de la Concorde ?**

コンコルド広場に通じている道はどれですか．

＝Quelle est la rue qui tombe sur la place de la Concorde ?

⇨「場所に至る，通じている」＝tomber sur [dans]＋場所

☑ **Cette machine va bien pour couper le papier.**

この機械は調子よく紙が切れる．

⇨「(機械・器具が) 動く」＝marcher bien

＊注意：aller bien＝marcher bien だが，前者には理由を示す表現がつくことが多い．単に「機械の調子が良い」の意味なら通常後者を用いる．

☑ **Cette jupe va bien avec ton chemisier.**

そのスカートは君のブラウスによく似合う．

⇨ A aller (bien) avec B「A が B と調和する」

cf. aller (bien) à *qn*「(人に) 似合う」

Cette robe va très bien à Louise.

「その服はルイーズにとてもよく似合う」⇨ 203

328 annoncer

☑ **Ce beau soleil annonce le printemps.**

このうららかな日差しは春の訪れを告げている．

⇨ 物が「～のしるしとなる，前兆となる，示す」

329 arriver

☐ **Je n'arrive pas à trouver ce dossier.**

どうしてもあの書類が見つからない.

⇨ arriver à+*inf.* [à ce que+〔接続法〕]「(うまく)～できる」
cf. en arriver à+*inf.*「～するに到る，(ついに)～するようになる」

☐ **Je suis sûr qu'elle arrivera, dans l'avenir.**

彼女は将来きっと成功すると思います. ⇨「成功する，出世する」

☐ **Avec de la patience, on arrive à tout.**

忍耐があれば，何でもうまく行く.

⇨「(à+目的) を達する，成し遂げる」

☐ **Qu'est-ce qui lui est arrivé ?**

彼（彼女）になにがあったのですか.

⇨「(出来事・事故等が) 起こる」

330 attendre

☐ **J'attends beaucoup de lui.**

私は彼に多くを期待している. ⇨ attendre A de B「B に A を期待する」

☐ **Le petit-déjeuner vous attend.**

朝食の用意ができています. ⇨「用意ができている，待ちうけている」

cf. se faire attendre「待たせる，遅刻する；手間取る」
Il s'est fait attendre.「彼は遅刻した」=être en retard

331 avoir

(基本確認)

(1) 〈～+***qn / qch***〉 ～を持っている，～がある（いる）

Mon appartement a deux pièces.

私のアパルトマンは2DKです.

(2) 〈～+無冠詞名詞〉による慣用句 ⇨ *cf.* 160～166

(3) 〈**il y a**〉の構文　～がある（いる）

Combien de lettres y a-t-il dans l'alphabet français ?

フランス語のアルファベットは何文字ですか.

☐ **J'ai beaucoup (fort) à faire demain.**
明日はすることがたくさんある.
⇨ avoir *qch* à+*inf.*「～しなければならない…がある」 170

☐ **Tu n'as qu'à travailler plus pour réussir aux examens.**
試験に受かるにはもっと勉強するしかない.
⇨ n'avoir qu'à+*inf.*「～するしかない，～しさえすればよい」 172

☐ **Tu auras beau pleurer, ta mère ne reviendra pas.**
いくら泣いても無駄だよ，お母さんは戻ってこないよ.
⇨ avoir beau+*inf.*「いくら～しても無駄である」
＊注意：「立派な，ふさわしい」という意味の beau の反語的使用とされる.

332 charger

☐ **J'ai chargé mon appareil (photographique).**
私はカメラにフィルムを入れた. ⇨「装備する，充電する」

☐ **On m'a chargé de la direction de l'équipe.**
私はそのチームの監督を委任された.
⇨ charger *qn* de *qch* [de+*inf.*]「人に～(すること)を委任する」 210

☐ **La cuisine française ne charge-t-elle pas trop l'estomac ?**
フランス料理は胃にかなりもたれませんか. ⇨「重くのしかかる」

333 compter

☐ **Ce qui compte, c'est de faire de votre mieux.**
大切なのは最善をつくすことだ. ⇨「重要である」
＝L'important est de faire de votre mieux.

334 connaître

☐ **Mon premier roman a connu un grand succès.**
私の最初の小説は大成功を収めた（大ヒットした).
⇨「〔物が主語で〕～を持つ，～を得る」

☐ **Mon père s'y connaît en informatique.**
父は情報科学に詳しい.
⇨ s'y connaître [en *qch*]「～に詳しい」＝s'y entendre

335 **courir**

☐ **Le bruit court que Paul a divorcé de sa femme.**

ポールが妻と別れたという噂が流れている. ⇨「(噂等が) 広まる, 流布する」

cf. répandre un bruit「噂を広める」

☐ **Tu cours le risque de tout perdre.**

君はなにもかも失う恐れがある.

⇨ courir le risque de *qch* [de+*inf.*]「〜する危険を冒す」=risquer
cf. courir de grands [graves] dangers「大きな危険に身をさらす」
cf. courir après *qn* / *qch*「〜を追い求める (追いかける)」
Il court après le succès.「彼は成功を追い求めている」

336 **couvrir**

☐ **Nous avons couvert deux cents kilomètres en un jour.**

私たちは1日で200キロを走破した.

⇨「(距離を一定の時間で) 進む」=parcourir

337 **demeurer**

☐ **Ses idées demeurent obscures.**

彼 (彼女) の考えはあいまいなままだ.

⇨「(ある状態に) とどまる, 〜のままである」
cf. demeurer en repos「じっと静かにしている」
en demeurer là「中断する, それ以上先へは進まない」

338 **devoir**

☐ **Elle vous doit sa situation.**

彼女が今の地位にあるのはあなたのおかげだ.

⇨ devoir A à B「AをBに負っている, 借りている, おかげである」

339 **dire**

☐ **Ses regards vous disent qu'elle vous aime.**

彼女の目つきから彼女があなたを愛しているのがわかる.

⇨「人に〜だと言う」という意味から派生している表現.

☐ **Votre visage me dit quelque chose.**

あなたの顔には見覚えがある.

⇨ dire A à B「B に A を思い出させる, B にとって覚えがある」

＊注意：A の位置には不定代名詞 quelque chose, rien 等が置かれるが, 省略されることもある.

340 donner

☐ **Quel âge lui donnez-vous ?**

あなたは彼（彼女）を何歳だと思いますか. ⇨「(年齢等を) 推定する」

☐ **Cette vigne n'a pas donné cette année.**

今年, このブドウは実のつきがよくなかった.

⇨ donner〔自〕「収穫をもたらす」

☐ **Voulez-vous me donner un coup de main ?**

ちょっと手を貸していただけますか.

⇨ donner un coup de *qch*「〜(道具・身体部) を(ちょっと)使う」
cf. donner un coup de téléphone à *qn*「人に電話をかける」

☐ **Il a donné son opinion sur ce projet.**

彼はその計画について意見を述べた.

⇨ donner son opinion (sur *qch*)「(〜について)意見を述べる」

☐ **Je vous en donne ma parole.**

そのことは誓って保証します（確かに承知しました).

⇨ donner (à *qn*) sa parole (d'honneur)「(人に) 約束する」
cf. tenir (sa) parole「約束する」⇔ manquer à sa parole

341 empêcher

☐ **Vous m'empêchez de travailler.**

あなたに邪魔されて仕事ができません.

⇨ empêcher *qn* de+*inf.*「人が〜するのを妨げる」 227

☐ **Cela n'empêche que j'ai raison.**

それでも私が正しい.

⇨ Cela [Ça] n'empêche pas que+〔直説法〕〔接続法〕
＝(Il) n'empêche que+〔直説法〕
「しかしながら〜に変わりない, そうは言っても〜である」

342 entendre

⧄ **Paul s'entend bien avec Marie.**

ポールはマリーと仲がよい.

⇨ s'entendre bien [mal] avec *qn*「人と仲がよい〔悪い〕」

⧄ **Qu'est-ce que vous entendez par là ?**

それはどういう意味ですか.

⇨ entendre A par B「B を A と解する，B を A の意味にとる」

⧄ **Partout on entend parler de ce film français.**

いたるところで，そのフランス映画の話を聞きます.

⇨ entendre parler de *qch*「～についての話を聞く」

343 être

⧄ **Vous serez des nôtres ce soir ?**

今晩私たちと一緒に来ていただけますか（我が家に来てくださいますか）.

⇨ les nôtres は「私たちの家族〔仲間〕」の意味.

⧄ **Où en êtes-vous dans votre travail ?**

仕事はどこまで進みましたか.

⇨ en être ...「～まで進んでいる，～するまでに至っている」

⧄ **Ah ! J'y suis !**

あっ，わかった.

⇨ y être「わかる」＝Ça y est.＝J'ai compris.

344 éviter

⧄ **Heureusement qu'elle était là, cela m'a évité de perdre du temps.**

幸い彼女はいた．おかげで時間を無駄にせずにすんだ.

⇨ éviter à *qn* de＋*inf.*「人に～を免れさせる」

345 exagérer

⧄ **Encore en retard ! Elle exagère !**

また遅刻だよ．彼女はあんまりだ.

⇨ Tu exagères !「あんまりだ，勝手だ」〔非難を表して 2・3 人称で〕
cf. aller trop loin「やりすぎ，度を越す，誇張する」

346 faire

（基本確認）

(1) 〈～+*qch*〉 ～を作る，～をする

(2) 〈～+感情を表す語+à *qn*〉 人を～させる

Elle me fait de la peine. 彼女がかわいそうだ.

(3) 〈～+*inf.*+名詞〔句〕〉 ～を…させる（使役）

(4) **il fait** +形容詞（名詞）（天気等が）～である

Il fait humide ce matin. 今朝は湿気が多い.

☐ **Quelle taille faites-vous ?**

服のサイズはいくつですか. ⇨ faire+数量「～になる，～ある」

☐ **Nous ferons de ce château un hôtel.**

私たちはこの城をホテルにするつもりです.

⇨ faire de A B=transformer A en B「A を B に変える」⇨ 271

☐ **On le fait plus stupide qu'il n'est.**

彼は実際以上に愚かだと思われている.

⇨ faire A B「A を B にする，A を B とみなす」

＊注意：B（属詞）には無冠詞名詞か形容詞を置くのが通常.

☐ **Ce médicament m'a fait beaucoup de bien.**

この薬は私にとてもよく効いた. ⇨「〔影響を〕もたらす」

☐ **Il a fait de la peinture.**

彼は絵を描いた. ⇨ faire de la peinture=peindre

☐ **Elle a fait un gros rhume cet hiver.**

今年の冬，彼女はひどい風邪をひいた. ⇨「(病気に) かかる」

☐ **Elle fait la malade.**

彼女は仮病を使う.

⇨ faire+定冠詞+名詞（あるいは faire+固有名詞）「～のふりをする」

☐ **Il s'est fait couper les cheveux par sa mère.**

彼は母親に散髪してもらった.

⇨ se faire+*inf.* [par+動作主]「(…に)～してもらう」

☐ **Ne vous en faites pas.**

ご心配なく. ⇨ s'en faire「心配する，気がねする」

347 **falloir**

☐ **Cette petite fille se tient à table comme il faut.**

その少女は食卓では行儀よくしている.

⇨ comme il faut (1) 申し分なく〔副詞的〕=convenablement
(2) 上品な〔形容詞的〕=distingué, de bon ton

348 **fréquenter**

☐ **Il ne fréquente jamais ses collègues.**

彼はけっして同僚とつきあわない. ⇨ fréquenter *qn*「人と交際する」

349 **gagner**

☐ **Il a bien gagné un peu de repos.**

彼はちょっとした休暇をもらうに値する働きをした.

⇨ bien gagner *qch*「～を当然の報酬として手に入れる」=métier

☐ **Prenons ce raccourci, nous gagnerons un quart d'heure.**

この近道を行けば, 15分は節約できるでしょう.

⇨「(時間・場所を) 稼ぐ, 節約する」

cf. gagner du temps「時間を節約する, 時をかせぐ」
gagner à+*inf.*「～することで得をする (価値を増す)」

350 **garder**

☐ **Mon oncle garde l'accent de son pays.**

叔父はお国なまりが抜けない.

⇨「(習慣・状態・性質等を) 維持する, 保つ」

☐ **Gardez la tête froide !**

冷静に〔頭を冷静に保って〕.

⇨ garder *qch*+属詞「～を…に保つ, ～のままにしておく」

cf. garder les cheveux longs「髪を長く伸ばしたままにする」

351 **laisser**

☐ **Alors, je vous laisse.**

では, お先に失礼します. ⇨「～と別れる, 離れる」

☐ **Ce travail laisse beaucoup à désirer.**

この仕事は不満な点 (改善の余地) がある.

⇨ laisser à+*inf.*「(事柄が) ～する余地を残している」

352 marcher

☐ **Cette montre marche bien.**

この時計はよく動く（調子がよい）．＝aller bien ⇨ 327

⇨「(機械・器具が）動く，（物事が）うまく運ぶ」

cf. tomber en panne「故障する」

353 mener

☐ **Elle menait une vie heureuse.**

彼女は幸福な生活を送った．⇨「(生活を）送る」

☐ **Il a mené l'entreprise à bien.**

彼は会社を巧みに切り回した．⇨「(人・組織等を）動かす，操る」

354 mettre

（基本確認）

(1) **〈～＋直接目的語＋場所の状況補語〉 ～を…に置く**

Le prof a mis sa main sur mon épaule.

教師は私の肩に手を置いた．

(2) **〈～＋衣服・帽子・靴等〉 ～を身につける（かぶる・はく）**

(3) **〈～＋時間・金額〉 ～を費やす**

J'ai mis trois mille euros dans mon voyage.

私は旅行のために3000ユーロ使った．

☐ **Mettez ici votre nom et votre adresse, s'il vous plaît.**

ここに名前と住所をお書きください．⇨ 上記 (1) の意味．

☐ **Mettez votre montre à l'heure.**

時刻を合わせてください．

⇨ mettre *qn* / *qch*＋属詞「～を…の状態に置く」

cf. mettre *qn* au chômage「人を失業させる」

＊注意：être au chômage は「失業中である（失業手当を受けている）」の意味になる．⇨ 418

☐ **Le T.G.V. met deux heures pour aller de Paris à Lyon.**

T.G.V. は2時間でパリからリヨンに行く．

⇨ mettre＋時間＋pour [à]＋*inf.*「～するのに…かかる」上記 (3) の例．

355 **occuper**

☐ **Ce travail m'a occupé(e) toute la journée.**

その仕事で私は丸１日とられてしまった.

⇨「(事柄が) 人を忙殺させる, (時間を) 費やす」

☐ **J'ai joué au pachinko pour occuper le temps.**

私は暇つぶしにパチンコをやった.

⇨「(時間を) 費やす, つぶす」

356 **partir**

☐ **L'argent part avec une rapidité incroyable.**

お金は信じられないくらい早くなくなる.

⇨「出発する, 外へ出る」から展開した例

☐ **C'est un chemin qui part vers le nord.**

それは北にのびている道です.

⇨「(物・事柄が) 始まる, 発する」

☐ **L'affaire est bien partie.**

仕事の滑りだしは順調だ.

⇨ être bien [mal] partie「出だしがよい〔悪い〕」

357 **paraître**

☐ **Ce roman policier a paru [est paru] l'année dernière.**

この推理小説は去年出版された.

⇨「(本等が) 出る, 出版される」

＝Ce roman policier a été publié l'année dernière.

cf. faire paraître un livre「本を出す, 出版する」

cf. paraître「現われる, 姿を見せる」⇨ paraître en public「人前に姿を見せる」

358 **passer**

☐ **Un film américain passe ce soir à la télévision.**

今夜, アメリカ映画がテレビで放送される.

⇨「(映画・芝居が) 上映 (上演) される」

☐ **Si l'on passait à autre chose ?**

話題を変えましょう．⇨「移る，変化する」

⇨ Si＋半過去？〔勧誘〕「～しませんか，～しよう」
cf. Le feu passe au vert.「信号が青に変わる」
passer à autre chose＝changer de sujet「話題を変える」

☐ **Il passait pour un dictionnaire vivant dans son enfance.**

彼は子供の頃から生き字引だと見なされていた．

⇨ passer pour＋属詞「～として通る」246＝être considéré comme

☐ **Mon oncle ne peut pas se passer de cigarettes.**

叔父はタバコなしではいられない．

⇨ se passer de *qn*/*qch*「～なしで済ます」 247

☐ **Ce tissu passe au soleil.**

この生地は日にあたると色があせる．

⇨「色あせる，消え去る」 *cf.* passer de mode「流行遅れになる」

359 payer

☐ **Le crime ne paie pas.**

犯罪は割りにあわない．⇨「割に合う，（人に）利益をもたらす」

☐ **C'est moi qui paie.**

私がおごります（支払うのは私だ）．⇨「(代金を）支払う」

＝C'est ma tournée.「〔会話で〕それは僕のおごりです」

360 pouvoir

☐ **Il peut bien avoir vingt ans.**

彼は20歳になっているかもしれません．

⇨〔推測〕「～かもしれない，～の可能性がある」

☐ **Il se peut que le train soit retardé par la neige.**

雪のために列車が遅れているのかもしれない．

⇨ Il se peut que＋〔接続法〕「～かもしれない」
＝Il est possible que＋〔接続法〕

☐ **Je n'en peux plus ! Je vais me reposer.**

くたくたです．休みます．

⇨ n'en pouvoir plus＝être épuisé(e)「精根つき果てる」 401

361 prendre

（基本確認）

(1) 〈～＋*qn*/*qch*〉 ～を手に取る，つかむ，持っていく

(2) 〈～＋食事（風呂，乗物）〉 食べる，飲む（入る，乗る）

Ma sœur prend une douche tous les matins.

姉（妹）は毎朝シャワーを浴びる.

(3) 〈～＋目的語＋様態の状況補語〉 ～を…の状態でとらえる

Prenez les choses comme elles sont.

物事をありのまま受けとめて下さい.

☐ **Ce médicament doit être pris avec précaution.**

この薬は慎重に服用されるべきだ. ⇨「(薬を) 飲む」

cf. Je suis pris aujourd'hui. ⇨ être pris＝être occupé

「今日はふさがっています（先約〔用事〕があります)」

☐ **Cette infirmière a pris la température d'un malade.**

その看護婦は病人の体温を計った.

⇨ prendre sa température「体温を計る」

cf. avoir [faire] de la température「熱がある」

☐ **Il a pris vingt mètres d'avance sur son ami.**

彼は友人を20メートルリードしていた.

⇨ prendre [avoir] de l'avance sur *qn*「人を引き離している」

☐ **Prenez votre temps.**

どうぞごゆっくり〔あわてることはありません〕.

⇨ prendre (tout) son temps「落ちついてやる」の意味. 439

☐ **Ce projet prend forme peu à peu.**

その計画は徐々に具体化している.

⇨ prendre forme「具体化する，はっきりした形をとる」＝se concrétiser

☐ **Le ciment a pris en trois heures.**

セメントは3時間で固まった.

⇨ prendre〔自〕「(液状のものが) 固まる，火がつく」

362 **promettre**

☐ **Il gèle déjà au mois d'octobre ! Ça promet pour cet hiver !**

10月なのに凍ってる．今年の冬は先が思いやられる．

⇨ Ça promet !「先が思いやられる」

363 **rapporter**

☐ **Ce métier lui a rapporté beaucoup d'argent.**

その商売で彼（彼女）はがっぽりもうけた．

⇨「(利益を) 生む，もたらす」

☐ **Il rapporte tout au professeur.**

彼は何でも教師に告げ口する．

⇨「報告する，(多くは目的語なしで) 告げ口する」

364 **regarder**

☐ **Vous ne regardez que vos intérêts.**

あなたは自分の利害しか考えない．⇨「(事柄を) 考えに入れる」

☐ **Cela ne vous regarde pas.**

それはあなたの知ったことではない．

⇨「〔事柄が〕(人に) 関わる，関係する」＝concerner

☐ **On le regarde comme un héros dans son pays.**

自国では，彼は英雄と見なされている．

⇨ regarder A comme B「A を B と見なす」(やや古い表現)

＊注意：considérer A comme B の方がよく用いられる．

365 **rendre**

☐ **Ce violon rend des sons merveilleux.**

このバイオリンはすばらしい音色を出す．⇨「(匂い・音・液体等を) 出す」

☐ **Cette terre rend bien.**

この土地はよく作物がとれる．

⇨「収穫（利益）をもたらす」．この rendre は自動詞．

366 **résister**

☐ **Cette plante résiste bien [mal] au froid.**

この植物は寒さに強い〔弱い〕．⇨「(à … に)耐える，持ちこたえる」

☐ **La porte résiste quand on veut l'ouvrir.**

そのドアは開けようとしてもなかなか開かない.

⇨「(à *qn* / *qch* に)抵抗する，逆らう」

＊注意：この例文は目的語のない例.

367 **servir**

☐ **La chambre me sert de cabinet de travail.**

その部屋は私にとって書斎がわりだ.

⇨ servir de *qch*「〜として役に立つ」
cf. servir à *qn* / *qch*「〜に役立つ」⇨ 266
Ça ne sert à rien.「それは何の役にも立たない」

368 **sortir**

☐ **Elle est sortie de cette université en 1975.**

彼女は1975年にこの大学を卒業した.

⇨「〜を卒業する」 *cf.* finir [terminer] ses études universitaires

☐ **On sortait de l'hiver qui était trop dur.**

かなり厳しい冬も終わろうとしていた. ⇨「過ぎる，終わる」

☐ **Les bourgeons ont commencé à sortir.**

新芽が芽ぶき始めた.

⇨「芽生える，(香り・音等が) 発する，漏れでる」

☐ **Il a eu un accident de voiture, mais il s'en est sorti seulement avec une jambe cassée.**

彼は自動車事故にあったが，片方の脚を骨折しただけで助かった.

⇨ s'en sortir「窮地を脱する，切り抜ける」

369 **suffire**

☐ **Ça suffit (comme ça) !**

もうたくさんだ. これ以上はごめんだ.

☐ **Une seule personne suffit pour ce travail.**

この仕事は１人で十分だ.

⇨ suffire pour *qch* [pour+*inf.*]「〜には十分である」

370 **tenir**

☐ **Trois cents personnes peuvent tenir dans cet amphithéâtre.**

この階段教室には300人入れます.

⇨「〜の収容力がある」=contenir, admettre

☐ **En France, les voitures doivent tenir leur droite.**

フランスでは車は右側通行である. ⇨「(状態を) 保つ」

☐ **M. Leconte tient un hôtel à Dijon.**

ルコント氏はディジョンでホテルを経営している.

⇨ tenir un hôtel=gérer un hôtel「ホテルを経営する」

☐ **Le temps ne tiendra pas.**

天気は持つまい. ⇨「(天候などが) 長続きする」

☐ **Je n'y tiens plus.**

もう我慢できない. ⇨ n'y plus tenir「我慢できない」

=Je n'en peux plus. / Je suis à bout de patience.
cf. à bout de+無冠詞名詞「〜が尽きた」

371 **tomber**

☐ **Le jour de paye de ce mois tombe un lundi.**

今月の給料日は月曜日にあたる.

⇨ tomber+曜日・日付「偶然〜に当たる」
cf. tomber sur *qn* / *qch*「偶然〜に出会う」
Je suis tombé sur Jean, à la fac, hier.
「昨日大学でジャンに出会った」
cf. tomber sous la main「偶然手に入る」
tomber sous les yeux「偶然目につく」
cf. tomber bien [mal]「タイミングが良い〔悪い〕」

☐ **Elle est tombée amoureuse.**

彼女は恋に落ちた.

⇨ tomber+属詞「(人が急に) 〜になる」 *cf.* tomber malade

☐ **J'ai laissé tomber le latin; c'était trop difficile.**

私はラテン語をやめた. 難しすぎた.

⇨ laisser tomber (1) うっかり落とす
(2) 見捨てる, やめにする=abandonner

372 toucher

☐ **Ce médecin touche des honoraires importants.**

その医者は莫大な謝礼を受け取った．

⇨「〔医者・弁護士などが〕（お金を）受け取る」

☐ **Sa gentillesse m'a touché(e).**

彼（彼女）の優しさに心を打たれた．

⇨「（人を）感動させる」＝émouvoir *qn*, impressionner *qn*
＝J'ai été sensible à sa gentillesse.

373 tourner

☐ **Le temps a tourné à la pluie.**

天気は雨模様になった．⇨「(à [en] に）変わる，移行する」

cf. tourner bien [mal]「順調である［思わしくない］，好転［悪化］する」

374 trouver

☐ **Comment trouvez-vous cette jeune fille ?**

あなたはあの娘をどう思いますか．

⇨ trouver *qn* / *qch*＋形容詞「～を…と思う」

☐ **Ce vieil homme se trouve habiter le même quartier que moi.**

その老人はたまたま私と同じ界隈に住んでいる．

⇨ se trouver＋*inf.*「たまたま（偶然）～である」
cf. il se trouve que＋〔直説法〕「（偶然）～が起こる（判明する）」の形も頻出．

375 tuer

☐ **Il a tué le temps en jouant avec un jeu vidéo.**

彼はテレビゲームをして時間をつぶした．

⇨ tuer le temps「時間をつぶす，暇つぶしをする」
cf. perdre son temps「ぶらぶらしている，時間を無駄にする」

☐ **Ce bruit nocturne me tue !**

夜間のあの騒音にはまいってしまう．⇨「まいらせる，疲労困憊させる」

376 **venir**

（基本確認）

(1) 〈～(＋場所を表す状況補語)〉 (～に)来る

(2) 〈～＋**de**＋起源・出発点等〉 ～から来ている，出身である

D'où venez-vous, Monsieur ? どちらからおいでですか.

(3) 〈～＋**de**＋***inf.***〉 ～したばかりである（近接過去）

Il vient d'arriver à Paris. 彼はパリに着いたところだ.

(4) 〈～＋***inf.***〉 ～しに来る

☐ **La pitié m'est venue, en voyant cet homme.**

あの人を見ていて私は哀れをもよおした.

⇨「(人に) 現れる，〔考え等が〕浮かぶ」

cf. Une idée m'est venue à l'esprit.

「私にアイディアが浮かんだ」

☐ **Cette maison me vient de mon oncle.**

私は叔父からこの家を譲られた〔遺産として受け継ぐ〕.

⇨ 上記 (2) の応用例.

377 **visiter**

☐ **Nous avons visité le château de Versailles.**

私たちはヴェルサイユ宮殿を見学した.

＊注意：visiter は「場所・建物を訪問する」の意味.「人を訪問する」の場合には rendre visite à *qn* を用いる.

378 **voilà** ＊voirの古形より派生しているので動詞扱いとした.

☐ **Le voilà, il arrive.**

ほら，彼が来た. ⇨ 相手の注意を喚起する表現.

☐ **Voilà mon opinion sur ce problème.**

この問題についての私の意見は以上の通りです.

⇨ 前に述べたことを受けて「以上が～だ」

379 **voir**

☐ **J'ai vu Sophie entrer dans le café d'en face.**
ソフィーが向かいのカフェに入るのが見えた.

⇨ 知覚動詞＋*qn* / *qch*＋*inf.*「～が…するのを見・聞・感じる」
＊知覚動詞：voir, regarder, entendre, écouter, sentir, *etc.*

☐ **Tu as bien vu qu'elle avait raison.**
彼女が正しいことがよく分かったでしょ.

⇨ voir [sentir, entendre] que＋〔直説法〕

380 **vouloir**

☐ **Je ne comprends pas ce que veut dire cette phrase.**
この文章がどういう意味なのか分かりません.

⇨ vouloir dire *qch*「～を意味する」＝signifier 273

☐ **Mon père vous en veut de n'être pas venu(e)(s).**
父はあなた〔あなた達〕が来なかったことを恨んでいます.

⇨ en vouloir à *qn*＋[de＋*inf.*]「(人が)(～したことを)恨む」

☐ **Que veux-tu ? / Que voulez-vous ?**
仕方ないじゃないですか〔どうしようというのですか〕.

cf. Qu'est-ce que tu veux comme cadeau de Noël ?
「クリスマスプレゼントには何が欲しい」

基本形容詞・副詞の盲点（注意すべき用法）　　**一部名詞も含む.**

＊見出し語の形容詞は男性単数形で示してある.

381 **ancien**

☐ **Voilà M. Masuzoe, l'ancien préfet de Tokyo.**
あそこにいるのは元東京都知事の舛添氏です. ⇨「かつて, 以前の」

＊注意：ancien の反意語は moderne, nouveau.
vieux の反意語は jeune.

382 beau

（基本確認）

(1) 美しい，きれいな⇔**laid(e)**　**un beau pays**　美しい国

(2) 立派な，素晴らしい　**une belle maison**　立派な家

(3) 晴れた，天気がいい　**Il fait beau.**　晴れです．

☐ **Ce film français a remporté un très beau succès.**

あのフランス映画はとても素晴らしい成功をおさめた．⇨ 上記 (2) の用例．

☐ **C'est un bel égoïste !**

あいつはすごいエゴイストだ．⇨「(数量・程度の）大きな，相当な」

383 bien / mal

☐ **Etes-vous bien dans ces chaussures ?**

その靴ははき心地がいいですか．

⇨ 属詞で使って，「(人が）心地よい，気分がよい」

☐ **Tous les profs disent du bien de cette étudiante.**

教師は口をそろえてあの女子学生をほめる．

⇨ dire du bien de *qn* / *qch*「～のことを良く言う，ほめる」

☐ **Ce remède vous fera grand bien.**

この薬はとても良く効きます．

⇨ faire (du) bien (à ...)「良い効果をもたらす，元気をつける」

☐ **Je me trouve bien d'avoir suivi tes conseils.**

あなたの忠告に従って良かったと思う．

⇨ se trouver bien [mal] de *qch* [de+*inf.*]
「～で（をして）良かった〔損をした〕と思う」

☐ **Ça tombe mal.**

あいにくだ．⇨「具合悪く，不都合に」

cf. être mal à l'aise [à son aise]「居心地が悪い」⇨ 182

☐ **Aïe ! Ça me fait mal !**

ああ，痛い．

cf. faire mal à *qn*「(肉体的・精神的に）～に苦痛を与える」⇨ 490

384 **bon / mauvais**

(bon / mauvais を使う熟語の例)

□ **avoir une bonne [mauvaise] mémoire** 記憶力が良い〔悪い〕

　cf. avoir de la mémoire 「物覚えが良い」

　cf. avoir la mémoire courte 「忘れっぽい」

□ **faire bon [mauvais] ménage avec *qn*** ～とうまくいく〔いかない〕

□ **être de bonne [mauvaise] humeur** 機嫌が良い〔悪い〕

□ **être bon [mauvais] avec *qn*** ～に親切〔意地悪〕である

☑ **Ce n'est pas la bonne clef.**

この鍵は合いません．⇨「正しい，正確な」の意味．

☑ **Il faut attendre une bonne heure.**

たっぷり１時間は待たなくてはならない．

⇨「(数量・程度が）たっぷりとした，かなりの」

cf. attraper une bonne grippe「ひどい風邪をひく」

☑ **Ce n'est pas un mauvais homme.**

その人は別に意地の悪い人間ではない．

⇨ bonに対立して「悪意のある，（道徳的に）悪い，よこしまな」

☑ **C'est un mauvais moyen.**

それは間違った方法だ．⇨「不適当な，間違った」

☑ **Cet étudiant est mauvais en français.**

その学生はフランス語ができない．⇨「(能力・技量の）劣った，下手な」

⇨ être bon [mauvais] en *qch*「～が得意〔不得意〕だ」

＝ être fort [faible] en *qch* 392

385 **capable**

☑ **Il est capable de tout pour réussir.**

彼は成功するためには何でもやりかねない．

⇨ être capable de tout「どんなことでもやりかねない」

cf. être capable de＋*inf.*「～することができる，～するかもしれない」

386 certain

☐ **Il est certain qu'il viendra. / Il est certain qu'elle viendra.**

彼が来るのは確かだ．／彼は彼女が来ると信じている．

⇨ il est certain que＋〔直説法〕「〜は確かである」
/ être certain de *qch* [de＋*inf.* / que＋〔直説法〕]「〜を確信している」

＊注意：前者の il は非人称．なお，主文が否定・疑問の場合にはいずれも que＋〔接続法〕になる．

☐ **Il faut un certain courage pour tenir tête à mon père.**

父に楯つくにはかなりの勇気がいる．

⇨「un(e) certain(e)＋名詞」で「ある(程度の)〜，相当の〜」の意味．
⇨ tenir tête à *qn*「〜に反抗する」
cf. sous un certain angle「ある角度から見ると」

387 complet

☐ **Avez-vous une chambre à deux lits ?　— Désolé(e), c'est complet.**

ツインの部屋はありますか．――あいにくですが，満室です．⇨「満員の」

cf. C'est complet !「(悪いことが重なって）あんまりだ」

388 confus

☐ **Je suis confus.**

申し訳ありません．恐縮です．⇨「当惑した，恥じ入った」

＊注意：かなり丁寧な会話表現．

389 court

☐ **Elle est toujours à court d'argent.**

彼女はいつもお金に困っている．

⇨ à court (de *qch*)「(〜が)不足した，不充分な」

390 exact

☐ **Quand tu as un rendez-vous, sois exact(e).**

人と会う約束をしたら，時間に遅れないことだ．⇨「時間を守る」

cf. être exact à un rendez-vous「約束の時間をきちんと守る」
＝être ponctuel à un rendez-vous

391 facile / difficile

☐ **Ma mère a la larme facile.**

母は涙もろい.

⇨ avoir＋名詞＋facile「たやすく〜する」
cf. avoir l'argent facile「金払いがいい」, avoir le travail facile「仕事が早い」, avoir la parole facile「弁舌さわやかである」

☐ **C'est un homme difficile, vous savez.**

なにしろ気難しい人なので.

⇨「(性格が) 気難しい, 扱いにくい」⇔ homme facile「気さくな人」

☐ **Mon père est difficile sur la nourriture.**

父は食べ物のことにやかましい.

⇨「(食べ物等の) 好みがうるさい」
cf. être exigeant pour *qch*「〜について口やかましい」

392 fort / faible

☐ **Ma tante est très forte en espagnol.**

私の叔母はとてもよくスペイン語ができる.

⇨ être fort en＋学科 [à＋スポーツ・ゲーム]「〜が得意である」 024

☐ **Moi, je suis faible aux échecs.**

私はチェスが苦手です.

⇨ être faible en＋学科 [à＋スポーツ・ゲーム]「〜が不得意である」

☐ **Elle n'a qu'une faible chance de réussir.**

彼女が成功するチャンスはわずかしかない.

⇨ この意味では名詞の前で「(量・程度が) わずかな, 少量の」

393 fou

☐ **Mon cousin est fou de musique.**

私の甥は音楽に夢中だ.

⇨ être fou [folle] de *qn* / *qch*「〜に夢中である」 248
＝être absorbé [plongé] dans, être passionné de [pour]

＊注意:「〜で興奮した, 我を忘れる」の意味にも用いられる.
Il est fou de colère.「彼は怒りに我を忘れる (逆上している)」

394 **gauche**

☐ **Mon père est gauche dans tout ce qu'il fait.**
父はなにをやっても不器用だ.

⇨ 行動が「不器用な」＝maladroit，態度が「ぎこちない」

☐ **Il s'est levé du pied gauche.**
彼は寝起き〔機嫌〕が悪かった.

⇨ se lever du pied gauche「寝起き〔機嫌〕が悪い」
cf. passer l'arme à gauche「死ぬ」＝mourir

395 **grand / petit**

（基本確認）

grand (1)（人・物が）大きい **un grand hôtel** 大きなホテル
(2)（人が）偉大な **un grand homme** 偉人
＊un homme grand 背の高い男 ⇨ p.59
(3)（事柄が）重大な
une grande nouvelle 重大ニュース

petit (1)（人・物が）小さい **une petite maison** 小さな家
(2)（物・事柄が）ちょっとした
un petit cadeau ちょっとした（気持ちばかりの）贈り物

☐ **Vous savez, c'est une grande fumeuse.**
ご存知のように彼女はヘビースモーカーです. ⇨「大変な，非常な」

☐ **On doit attendre deux grandes heures.**
たっぷり２時間は待たなくてはならない.

⇨ 数量単位の前に置いて「たっぷり，優に」＝deux bonnes heures

☐ **Il n'y a pas grand monde.**
人があまりいない. ⇨「（集まった人・物が）多数の，多量の

⇔Il y a une grande foule !「ものすごい人出だ」

☐ **Il voit toujours les choses en grand.**
彼はいつも大局的に物を見る.

⇨ en grand「大規模に」⇔en petit「小規模に」
cf. dans l'ensemble「大局から見れば，総体的に見れば」⇨ 312

☐ **C'est une bien petite chose.**

それは実につまらない事だ. ⇨「取るに足らない」

☐ **J'ai eu une petite difficulté.**

私は相当な困難にでくわした. ⇨ 反語的に「かなりの, 相当な」

396 haut / bas

☐ **C'est un joli village qui se trouve au bas des Alpes.**

それはアルプス山脈の裾野にある美しい村です.

⇨ le bas de ...「〜の麓」⇔ le haut de ...「〜の頂」
cf. en bas「下に, 下の階に」⇔ en haut「上に, 上の階に」

397 impossible

☐ **C'est un roman qui a un titre impossible.**

それは突飛な題名の小説だ.

⇨「途方もない, 常識をはずれた」

☐ **Ces enfants sont impossibles !**

その子供たちにはやりきれない.

⇨「(人が) 手に負えない, どうしようもない」
cf. 名詞では「不可能なこと」の意味になる.
⇨ faire l'impossible「できる限りのことをする」

398 large / étroit

☐ **L'avenue est large de dix mètres.**

その通りは幅が10メートルある.

⇨ être+large〔横・幅〕/ long〔縦〕/ haut〔高さ〕+de+数字+単位
「〜の横・幅/縦/高さがある」⇨ この形は形容詞.
cf. Ce pont a dix mètres de long.「この橋は長さ10メートルです」
⇨ avoir+数字+単位+de large / long / haut ⇨ この形は名詞.

☐ **Mes parents mènent une vie large.**

両親は裕福な暮らしをしている (ゆったりと暮らしている).

⇨「気前の良い, 出し惜しみしない」
cf. vivre à l'étroit「切りつめた生活をする」

☐ **Mon oncle est au large [à l'étroit].**

叔父は広々とした〔狭苦しい〕家に住んでいる.

⇨ être au large [à l'étroit]「広々とした〔狭い〕処に住んでいる」

399 nouveau / neuf

（基本確認）

nouveau の新しさは「初めて現れた，更新された」の含みであるのに対して，neuf は「新品の，未使用の」の意味.

(1) **Voici ma nouvelle voiture.**　これが今度買った車です.

(2) **Voici ma voiture neuve.**　これが私の新車です.

＊(1)は新車とは限らない．中古車でも可．「新しく手に入れた」車の意味.

☐ **M. Suzuki est nouveau [neuf] dans ce métier.**

鈴木さんはこの仕事では（その道では）まだ新米だ.

⇨ 上記2つの「新しさ」が交錯している例「未経験の」

⇔ être vieux dans ce métier「その仕事のベテランだ」

☐ **Alors, quoi de neuf [nouveau] ?**

— Rien de neuf [nouveau].

で，なにか変わったことはありますか．――別に何も.

⇨「（事柄の）目新しさ，斬新な」の含みを持つ会話表現.

400 occupé

☐ **La ligne est occupée.**

〔電話で〕話し中です（回線がふさがっている）．＝C'est occupé.

⇨「（場所・電話などが）使用中の，ふさがっている」⇔ vacant

cf. être occupé [pris] à＋*inf.*「〜するのに忙しい」

401 plat

☐ **Après cette course, j'étais à plat !**

そのレースの後，私はくたくただった.

⇨ à plat「（人が）疲れてくたくたの」＝crevé(e)

cf. Ah, je n'en peux plus !「もうくたくただ」

⇨ n'en pouvoir plus「（肉体的・精神的に）もうだめである」 360

cf. de l'eau plate「非発泡性のミネラルウォーター」

⇔ de l'eau gazeuse「発泡性のミネラルウォーター」

402 sujet

☐ **L'homme est sujet à se tromper.**

人間は誤りに陥りやすい．

⇨ être sujet à+*inf.*「〜に陥りやすい，〜しがちである」
=avoir tendance à+*inf.*, être enclin à+*inf.*

403 tôt / tard

☐ **Ça arrivera tôt ou tard.**

いずれはそういうことも起こるでしょう．

⇨ tôt ou tard「いずれ，遅かれ早かれ」

☐ **Ça sera le mois prochain au plus tôt [tard].**

早くて〔遅くて〕来月になるでしょう．

⇨ au plus tôt [tard]「早くとも〔遅くとも〕」
cf. au plus tôt で「できるだけ早く」の意味もある．
Répondez-moi au plus tôt.
「できるだけ早く返事を下さい」=aussitôt que possible

404 vert

☐ **Il était vert de peur.**

彼は恐怖で青ざめていた．⇨「(顔色が) 蒼白な」

=Il a pâli de peur. ⇨ pâlir「(人・顔が) 青ざめる」

☐ **Ce vieillard est encore vert.**

その老人はまだかくしゃくとしている．⇨「(老人等が) 若々しい，元気な」

cf. Ce vin est encore vert.
「このワインはまだ熟（な）れていない」⇨「熟していない，青い」

405 vrai

☐ **C'est pour de vrai ou pour de rire ?**

それは本気ですか，冗談ですか．

⇨ pour de vrai「本気で」⇔ pour de rire「冗談で」
cf. à vrai dire「実を言うと，本当のことを言うと」
cf. il est vrai que+〔直説法〕, mais ...
「なるほど〜だが，しかし…」
cf. il n'en est pas moins vrai que+〔直説法〕
「それでもやはり〜は本当だ（確かだ）」

404 補足：色の形容詞（名詞・副詞を含む）の盲点

■ **blanc**

□ **passer une nuit blanche**　不眠の夜を過ごす

□ **passer [aller/changer] du blanc au noir**
極端から極端に走る，まったく意見を変える

■ **bleu**

□ **J'ai une peur bleue des piqûres.**　私は注射がとても怖い.
⇨「（恐怖・怒り等が）激しい」

□ **un bifteck bleu**　超レアの（生に近い）ステーキ
cf. **bifteck saignant**　レアのステーキ
bifteck à point　ミディアムのステーキ
bifteck bien cuit　ウェルダンのステーキ

■ **rouge**

□ **être rouge de colère**　怒りで紅潮している

□ **voir rouge**　腹を立てる＝**se mettre en colère**

■ **noir**

□ **voir tout en noir**　何でも悲観的に考える ⇔ **en rose**

□ **écrire noir sur blanc**　明記する

□ **être dans le noir**　五里霧中である，真っ暗闇のなかにいる

■ **rose**

□ **Ce n'est pas rose.**　これは楽ではない.

□ **voir la vie en rose**　人生を楽観する
⇨ **en rose**　ばら色に（の），楽観的に ⇔ **en noir**

■ **jaune**

□ **rire jaune**　苦笑いする，ひきつった笑いをする ⇨ 550

■ **gris**

□ **avoir les cheveux gris**　白髪まじりである

□ **faire grise mine à *qn***　人に冷たく当たる

406 **intérêt**　興味・関心・利益・得

□ **avoir intérêt à+*inf.* / Il y a intérêt à+*inf.***

～するのが得策だ，～する方がよい，〔威嚇して〕～するのが身のためだ

☐ **Il y a (tout) intérêt à attendre.**

待っている方が(ずっと)得策だ.

□ **dans [contre] l'intérêt de *qn***

人の利益〔不利益〕になるように＝pour le bien de *qn*

☐ **Je vous dis ça dans votre intérêt.**

これはあなたのことを思って言っています.

□ **prendre [perdre] intérêt à *qch* [à+*inf.*]**

～に(することに)興味を抱く〔失う〕

□ **à dix pour cent (d'intérêt)=au taux de 10%**　10%の利子で

cf. à intérêt élevé / à bas intérêt「高利で／低利で」

407 **vue**　視力・眺め・写真・見解

□ **à la vue de *qn* / *qch***

(1) ～を見て＝en voyant *qch* / *qn*　(2)（人）の見ている前で

cf. à perte de vue「見渡すかぎり，果てしなく」

cf. à première vue「一見したところ」

□ **connaître *qn* de vue**

人の顔を知っている，面識がある（顔だけ知っている）

☐ **Je ne le connais que de vue.**

私は彼の顔を知っているだけです.

□ **perdre *qn* / *qch* de vue**

(1)（人と）会わなくなる，疎遠になる　(2)（物を）見落とす

□ **en vue**

(1) 見える　(2) 目立つ　*cf.* mettre *qch* en vue「目立つところに置く」

(3) 著名な，注目される

cf. être en vue de *qch*「～に接近する」＝approcher de *qch*

408 **intention**　意図・方針

□ **dans [avec] l'intention de+*inf.***　〜するつもりで

⇨「目的」を表わす=dans le but de+*inf.*　307 498

□ **à l'intention de *qn***　〔特に〕(人) のために

☑ **Je l'ai fait à votre intention.**

私はこれをあなたのためにと思ってしたのです.

=spécialement pour *qn*

□ **avoir l'intention de+*inf.***　〜するつもりである

☑ **J'ai l'intention de passer mes vacances à Nice.**

私はニースでヴァカンスを過ごすつもりです. ⇨ 167

409 **habitude**　習慣・〔多く複で〕慣習

□ **prendre [⇔perdre] l'habitude de+*inf.***

〜する習慣がつく〔習慣を捨てる〕⇨ 536

cf. prendre une bonne habitude「良い習慣をつける」

□ **d'habitude**　いつもは, 大抵は, 普通は ⇨ 097

=habituellement, d'ordinaire

□ **comme d'habitude**　いつもの通り ⇨ 078 097

□ **avoir l'habitude de *qch* [de+*inf.*]**

(1) 〜するのに慣れている　(2) 〜する習慣がある

☑ **Elle n'a pas l'habitude de parler en public.**

彼女は人前で話すのに慣れていない.

410 **force**　力・力量・武力

□ **à force de+無冠詞名詞 [de+*inf.*]**

大いに〜したので (すれば) =avec beaucoup de+無冠詞名詞

＊注意：特定の名詞をともなう：patience, travail, gentillesse, *etc.*

☑ **A force de crier, elle n'a plus de voix.**

大声で叫びすぎたせいで, 彼女はもう声がでない.

□ **avec force**　力をこめて, 力強く, 強力に

⇨ serrer la main de *qn* avec force「力をこめて握手する」

・avec＋名詞（多くは無冠詞名詞）〔様態〕

□ **lire un livre avec intérêt** 本を興味深く読む

□ **attendre avec impatience** 待ちかねてじりじりしている

□ **marcher avec peine** 苦労して（やっとの思いで）歩く

□ **agir avec prudence** 慎重に行動する

□ **manger avec un appétit féroce** ものすごい食欲で食べる

□ **supplier avec les yeux pleins de larmes**
目にいっぱい涙をためて懇願する

□ **de toutes ses forces** 力いっぱい，全力で ⇨ 135

□ **en force** (1) 大勢で，大挙して (2) 力まかせに，力いっぱい

▱ **La police est arrivée en force.**
警官が大挙してやって来た．

⇨ arriver en force＝en grand nombre

411 **moyen** 手段・方法・（複数で）財力

□ **au moyen de *qch*** 〔道具・器具〕を使って，用いて

▱ **On est monté sur le toit au moyen d'une échelle.**
はしごを使って屋根にのぼった．

＝avec [à l'aide de]＋道具

＊注意：この表現は肯定文で用いる．なお，抽象名詞には用いない．

□ **Il y a [Il n'y a pas] moyen de＋*inf.* [que＋〔接続法〕]**
～することができる〔できない〕

＝Il est possible que …
Il n'est pas possible que …

□ **moyen de＋無冠詞名詞** ～の手段

⇨ moyen de production「生産手段」
moyen de communication「通信手段，メディア」
moyens de transport「交通手段〔機関〕」
cf. moyen de＋*inf.*「～する手段」

・様態・道具・原因・手段を表す **de**

- □ **d'un air distrait** ぼんやりとした様子で
- □ **d'un pas rapide** 早足で
- □ **de toutes ses forces** 全力で
- □ **écrire de la main gauche** 左手で書く
- □ **frapper du pied** 足で蹴る
- □ **pleurer de joie** 嬉し泣きする
- □ **mourir de faim** (1) 餓死する (2) 腹が減って死にそうだ

412 **vérité** 真実・事実・真理・実態

□ **à la vérité** 実のところ(は)

☑ **J'ai parlé mais à la vérité, je ne sais rien de cette nouvelle.**
話はしましたが，実のところ，そのニュースを知らないのです．

□ **en vérité** (1) 本当に，確かに
(2) 実のところ＝**à la vérité** ⇨ 118

413 **situation** 位置・（社会の）状況・（個人の）立場・地位

□ **en situation** 本物の状況そっくりに，実践的な

□ **être en situation de＋*inf.*** ～できる状態（立場）にある

☑ **Nous ne sommes pas en situation de nous opposer à ce projet.**
私たちはその計画に反対できる立場にない．＝être en état de＋*inf.*

414 **expérience** 経験・体験・実験

□ **faire l'expérience de *qch*** ～を体験（経験）する，試してみる

415 **raison** 理由・理性・道理・比率

□ **en raison de *qch***
(1) ～のために，～の理由で＝à cause de *qch* ⇨ 086 417
(2) ～に応じて，比例して＝en proportion de *qch*
cf. à raison de *qch*〔数詞＋名詞〕「～の割合で」

□ **pour raison(s) de**＋無冠詞名詞　～の理由で

▨ Pierre s'est absenté pour raison de santé.
ピエールは健康上の理由で欠席（欠勤）した．

＊注意：特定の名詞とともに用いる：santé, maladie, économie, *etc.*

□ **donner raison à *qn***　～が正しいと認める

▨ Tous les professeurs nous ont donné raison.
全教員が私たちの主張を認めた．

416 **caractère**　（人の）性格・気骨・（事物の）性格・特徴・文字

□ **avoir [être d'] un caractère**＋形容詞(句)　～な性格である

▨ M. Dumont a [est d']un caractère ouvert [fermé].
デュモンさんは外向的な〔内向的な〕性格だ．

□ **avoir du caractère**　気骨がある

⇔ manquer de caractère「意気地がない」

□ **à caractère**＋形容詞　～性の，～的な

⇨ un organisme à caractère officiel　「公的性格の機関」
une maladie à caractère infectieux「伝染性の病気」

417 **cause**　原因・訴訟・立場・信条

□ **à cause de *qn* / *qch***

(1) ～が原因で，～のせいで　(2) ～を考慮に入れて

＊注意：(1) の用法は通常「遺憾な原因」を表したり，「責任を問う」ケースで用いられる．「人のせいで」（批判的）という場合には par la faute de *qn* とほぼ同意．好都合な原因，感謝については grâce à *qn* / *qch*「～のおかげで」を用いる．⇨ 086

cf. pour cause de＋無冠詞名詞「（商業文等で）～の理由で」

418 **travail**　仕事・職・〔多く複で〕作業・工事・業績・研究

□ **être sans travail**　失業中である

＝être au [en] chômage

□ **aller au [à son] travail**　勤め先に行く，出勤する

cf. Au travail !「さあ仕事だ〔仕事にとりかかろう〕」
cf. aller au fait「（問題の核心）本論に入る」
aller au plus court「近道をする，手っとり早い方法をとる」

419 **considération**　考慮・（複数で）考察・考え・敬意

□ **en considération de *qch***　〜を考慮して

□ **par considération pour *qn***　（人）に敬意を表して

＝en l'honneur de *qn*, en hommage à *qn*

□ **prendre *qch* en considération**　〜を考慮に入れる

⧄ Il n'y a pas lieu de prendre votre opinion en considération.
あなた(方)の意見を考慮に入れる余地はない.

＝considérer *qch*, tenir compte de *qch*

420 **décision**　決定・決心・決断力

□ **prendre la décision de＋*inf.***　〜することに決める

⧄ Elle a pris la décision de ne plus fumer.
彼女は禁煙を決意した.

＝se décider [se déterminer] à＋*inf.* ⇨ 218
cf. prendre une décision「決心〔決定〕する」

□ **agir avec décision**　果敢に行動する

cf. manquer de décision「優柔不断である」

421 **respect**　尊敬・尊重

□ **avoir du respect pour *qn***　（人）を尊敬する（尊敬している）

＝respecter *qn*, estimer *qn*
cf. montrer [témoigner] du respect à *qn*「（人）に敬意を示す」

□ **sauf votre respect / sauf [avec] le respect que je vous dois**
失礼ながら

422 **apparence**　外見・外観

□ **sauver [ménager, garder] les apparences**
うわべを繕う，体裁（体面）を繕う

□ **en apparence**　見かけは，うわべは

　◪ Cet acteur n'est gai qu'en apparence.

　　あの俳優が陽気なのはうわべだけだ.

423 **manque**　不足・欠如

□ **par manque de ...**　〜の不足で，〜が足りないので

　＝faute de ... ⇨ 086

□ **manque de＋無冠詞名詞**　〜の不足，欠如

　⇨ manque de sommeil「睡眠不足」
　　manque de nourriture「食料不足，飢餓」

□ **à la manque**　失敗した，駄目な

　⇨ sportif à la manque「さえないスポーツ選手」
　　artiste à la manque「駄目な芸術家」

424 **influence**　（**sur** に対する）影響・影響力

□ **avoir une bonne [mauvaise] influence sur ...**
　〜に良い〔悪い〕影響を及ぼす

□ **sous l'influence de *qn* / *qch***

　(1)（人）の影響のもとで，（人）と付きあって

　(2)（感情 **colère, peur, jalousie** 等）の勢いにかられて

　⇨ agir sous l'influence de l'alcool「酒の勢いにまかせて行動する」

425 **qualité**　質・品質⇔quantité・特質・長所⇔défaut・身分

□ **avoir qualité pour＋*inf.***　〜する資格（権限）がある

　◪ Nous avons qualité pour en parler.

　　私たちはそれについて発言する資格があります.

　　＝être qualifié pour＋*inf.*

□ **名詞＋de qualité**　良質の〜，優れた〜

　⇨ vin de qualité「良質のワイン」，écrivain de qualité「優れた作家」

□ **en (sa) qualité de＋無冠詞名詞**　〜の資格で，〜として

426 **valeur** 価値・(人の) 能力

□ **attacher [accrocher] de la valeur à qn / *qch***
～を尊重（重視）する，大切にする

□ 名詞+**de (grande) valeur** 高価な～，有能な～

⇨ objet de valeur「値打ちの品，貴重品」，un homme de valeur「優秀な人物」

□ **prendre de la valeur** 値があがる，価格が上昇する

□ **mettre *qch* / *qn* en valeur**
(1)（資産・資源等を）活用する (2)（色・特徴を）引き立てる

▱ Je ne sais pas mettre mes idées en valeur.
私は自分のアイデアをどう生かしてよいのか分からない．

427 **fonction** 機能・職・職務

□ **en fonction de *qn* / *qch*** ～(の変化)に応じて，～を考慮して

▱ Ma mère a choisi ses vêtements en fonction du temps.
母は天気を考慮して服を選んだ．

＝en tenant compte de *qch*

□ **être fonction de *qn* / *qch*** ～によって決定される，～次第である

▱ Votre réussite sera fonction de vos efforts.
あなたの成功は努力次第でしょう．

□ **être en fonction(s)** (1) 職務中である (2) 現職である

□ **faire fonction de *qn* / *qch*** ～の役をする，～の代わりをつとめる

428 **progrès** 進歩・(複数で) 向上・上達

□ **être en progrès**
進歩（発展，進行）している，向上（上達）している

□ **faire des progrès**
進歩（発展，進行）する，向上（上達）する

▱ Elle a fait des progrès en français.
彼女はフランス語が上達した．

□ **Il y a du progrès.** 前よりよくなっている（進歩が見られる）．

429 **occasion**　機会・買い得(の品)

□ **à l'occasion de *qch***　（記念，祝賀，会議等）の時に，～に際して

cf. à l'occasion「機会があれば，時によっては」

□ **avoir l'occasion de+*inf.***　～する機会がある，～することができる

□ **manquer [perdre, laisser échapper] l'occasion de+*inf.***
～する機会を逃す

□ **d'occasion**
(1) 中古の　⇨ une voiture d'occasion「中古車」
(2) その場だけの　⇨ une liaison d'occasion「ゆきずりの関係」

cf. 副詞的に用いられるケースもある.
Cette voiture a été achetée d'occasion.
「この車は中古で買われたものだ」

430 **cas**　場合・ケース・症状

□ **au cas [dans le cas] où+〔条件法〕**　～の場合は，もし～すれば

□ **en aucun cas**　どんな場合も(～ない)

□ **en cas de+無冠詞名詞**　～の場合は

⇨ en cas d'urgence「緊急の場合には」
en cas de besoin [nécessité]「必要があれば」
en cas d'accident「事故のときには」

□ **en tout cas / dans tous les cas**　とにかく，いずれにしろ

＝de toute façon

431 **honneur**　名誉・栄誉・(複数で) 敬意のしるし

□ **avoir l'honneur de+*inf.***　光栄にも～する，謹んで～する

☑ **Je n'ai pas l'honneur de vous connaître.**
初めてお目にかかります.

□ **en l'honneur de *qn* / *qch***　～に敬意を表して，～を祝して

cf. à l'occasion de *qch*「(祝賀・記念等の) 機会に」⇨ 429

□ **d'honneur**　名誉ある

⇨ place d'honneur「貴賓席」
tour d'honneur「(試合後の) ウイニングラン」
cf. parole d'honneur「約束」

□ **faire honneur à *qn* / *qch***

(1) ～の名誉となる　(2) ～に忠実である

☐ Ils ont fait honneur à leur pays.

彼らは祖国に栄誉をもたらした.

□ **rendre honneur à *qn*** （人）に敬意を表する

432 **mesure** 測定・寸法・単位・措置

□ **à la mesure de *qn* / *qch*** ～に見合った（釣り合った），適当な

□ **en mesure** 拍子に合わせて，拍子をとって

☐ Les enfants chantaient en mesure.

子供たちは拍子をとって歌っていた.

□ **à mesure que**＋〔直説法〕 ～につれて，～に応じて

cf. dans la mesure où＋〔直説法〕「～の程度に応じて，～の点で」

□ **au fur et à mesure** 徐々に，それに応じて，順次

cf. au fur et à mesure de *qch* [que＋〔直説法〕]「～に応じて」

□ **être en mesure de**＋***inf.*** ～できる，～できる状態にある

☐ Elle sera en mesure de faire ce travail rapidement.

彼女はその仕事をすぐに片づけることができるだろう.

＝être capable [en état] de＋*inf.*

□ **sur mesure**

(1) 寸法を合わせた，オーダーの　(2) 都合（好み）に合わせた

⇨ costume sur mesure「オーダーの服」
emploi du temps sur mesure「好都合な時間割」

433 **air** 空気・雰囲気・様子・外観・表情

□ **en l'air**

(1) 空中に　**regarder en l'air**「空を見る，頭上を見上げる」
(2) 根拠のない　**parler en l'air**「いい加減なことを言う」
(3) 乱雑に＝**en désordre**

□ **en plein air** 野外（屋外）で

cf. en plein ...「～のただ中で（真ん中に）」
en plein hiver「真冬に」，en plein jour「白昼」

□ **avoir l'air+形容詞 [d'un (une)+名詞 / de+*inf.*]**
〜のようである，〜のように見える

□ **Ça m'a l'air d'un mensonge.**
それは私には嘘に思える．⇨ 173

434 **naissance** 誕生

□ **de naissance** 生まれながらの（に），生来(の)

□ **Ma sœur est infirme de naissance.**
私の姉（妹）は生まれつき障害がある．

□ **donner naissance à *qn* / *qch***
(1)（子供を）産む (2)（物が主語で）〜を生み出す，引き起こす
cf. mettre au monde「（子供を）産む，（作品などを）生み出す」

435 **forme** 形・形態・形式・体調・（複数で）礼儀

□ **en forme**
(1) 元気な，好調な (2) きちんとした，整った，具体的な形に
⇨ mettre des notes en forme「メモを清書する」

□ **pour la forme** 形式的に，儀礼的に

□ **prendre forme** ハッキリした形をとる，（計画等が）具体化する

□ **sous la forme de *qch*，sous forme de+無冠詞名詞**
〜の形で，〜の形をした（して）
cf. en forme de+無冠詞名詞「〜の形をした」

436 **risque** 危険・リスク

□ **au risque de+*inf.* [de+*qch*]** 〜する危険を冒して

□ **Pierre nous a sauvé(e)s au risque de se tuer [de sa vie].**
ピエールは命を賭して私たちを救ってくれた．
＝en courant le danger de+*inf.*

□ **courir le risque de+*inf.*** 〜するという危険を冒す

□ **prendre des risques** 危険なことをする

437 **courage** 勇気・熱意

☐ **avoir le courage de+*inf.*** ～する勇気（気力）がある

　☐ Je n'avais pas le courage de lui annoncer la mort de son ami.

　　彼（彼女）に友人の死を知らせる勇気はなかった．⇨ 169

　☐ Ayez du courage !

　　勇気（やる気）をだして．気持ちをしっかり持って．

　　⇨ avoir du courage「勇気（やる気）がある」

☐ **donner du courage à *qn*** （人）を励ます

　cf. avec courage「勇敢に，熱心に」

☐ **perdre courage** がっくりする，やる気をなくす

　☐ Ne perdez pas courage.

　　くじけてはいけない．

438 **effet** 効果・結果・印象

☐ **en effet**

　(1)〔返事〕その通り，確かに＝effectivement

　(2)〔理由〕それというのも，事実～なので（実際～なのだから）

☐ **faire bon [mauvais] effet** 良い〔悪い〕印象を与える

☐ **faire (de l')effet sur [à] *qn*** （人）に強い印象を与える

　＝impressionner *qn*

☐ **sous l'effet de *qch*** ～のせいで，～の影響下に

　☐ Sous l'effet de la colère, elle a frappé son mari au visage.

　　ついカッとなって，彼女は夫の顔をなぐってしまった．

　　＝dans un mouvement de *qch*, sous l'influence de *qch* 424

439 **temps** 時間・時・天候・天気

☐ **avoir [prendre] (tout) son temps**

　たっぷり時間がある，ゆっくり時間をかける

　cf. Il est (grand) temps.「急いでやろう．今が時機だ」

　cf. il est temps de+*inf.* [que+〔接続法〕]「今や～すべき時だ」

□ **à plein temps** フルタイム（常勤）で

⇔à mi-temps「半日のパートで」, à temps partiel「パートタイムで」

□ **trouver le temps long** 退屈する，待ちくたびれる

440 **place** 場所・スペース・座席・順位・職・広場

□ **à la place (de *qn* / *qch*)** (〜の)代わりに

◪ **Elle a invité Jean à la place de Paul.**

彼女はポールの代わりにジャンを招待した．

=en remplacement de *qn*「〜の代理で」
=au lieu de *qch* / *qn*「〜の代わりに」⇨ 086
=en échange de *qch*「〜の代わりに」

□ **faire de la place** 場所をあける，道をあける

□ **avoir [trouver] sa place**＋場所

(〜に)所を得る，自分にふさわしい場所を見つける

cf. perdre sa place「職を失う」

□ **faire place à *qn* / *qch*** (1) 道を譲る (2) 〜に変わる

◪ **Le vieux immeuble de bureau a fait place à une tour moderne.**

古いオフィスビルが近代的な高層ビルに取って代わられた．

□ **sur place** その場（現場）で

cf. sur la place publique「公衆の面前で」
cf. en place「しかるべき場所に，高い地位にある」
Mets tes idées en place.「あなたの考えを整理なさい」

441 **instant** 瞬間

□ **à l'instant** すぐに，たった今

◪ **Je les ai vu(e)s à l'instant.**

今しがた彼ら（彼女ら）に会ったところだ．

cf. à chaque [à tout] instant「しょっちゅう」
cf. à l'instant où＋〔直説法〕「まさに〜する時に」

□ **pour l'instant**　今のところ，さしあたって

　⊡ Pour l'instant, tout va bien.

　　今のところ，万事順調だ.

□ **vivre dans l'instant**　刹那的に生きる

442 **avantage**　利点・優位・長所

□ **prendre l'avantage sur *qn***

　（人）よりも優位に立っている（立つ）

□ **avoir avantage à+*inf.***　〜したほうがよい，〜するのが得策である

　⊡ Vous auriez avantage à vous taire.

　　黙っている方が得でしょう.

□ **tirer avantage de *qch***　〜から利益を引き出す，〜をうまく利用する

　⊡ Nous avons tiré avantage de cette conférence.

　　私たちはその講演から得るものがあった.

□ **à l'avantage de *qn***　人の有利に(なるように)

443 **base**　土台・底辺・基礎・基地

□ **à base de+無冠詞名詞**　〜を主成分（ベース）にした

　cf. être à la base de *qch*「〜の原因（基礎・原動力）となる」⇨ 556

□ **sur la base de *qch***　〜に基づいて，〜の率で

　⊡ On m'a engagé(e) sur la base de 120 euros l'heure.

　　私は時給120ユーロで雇われた.

444 **courant**　（水・空気の）流れ・電流

□ **mettre *qn* au courant (de *qch*)**　〜について人に事の次第を知らせる

　cf. tenir *qn* au courant (de *qch*)

　　「〜について人に事の次第を知らせておく」⇨ 517

□ **être au courant (de *qch*)**　〜を知っている，事情に通じている

　⊡ Il est bien au courant de la situation européenne.

　　彼はヨーロッパ情勢に詳しい.

445 **degré**　度・段階

☐ **par degré(s)**　徐々に，だんだん，少しずつ

=de degré en degré ⇨ 153

☐ **au plus haut [au dernier] degré (de ...)**

(〜の)頂点に，極みに，この上なく

446 **jour**　1日・日・昼・(複数で）人生

☐ **de nos jours**　現代では ⇨ 300

cf. du jour「今日の，現代の」

■ **前置詞 de を使って時間を表す副詞句になる例**

☐ de notre temps　現代においては

☐ de tout temps　いつの時代にも

☐ de bonne heure　朝早く=de grand [bon] matin，早い時間に

☐ **de jour en jour**　日に日に，日増しに

☐ **jour et nuit / nuit et jour / le jour et la nuit**

(1) 昼も夜も，日夜　(2) 絶え間なく

cf. C'est le jour et la nuit.「まったく対照的だ（まったく違う）」

☐ **grand jour**

(1) 真昼，白昼の光　(2) 待ちかねた日　(3) 白日のもとに

☑ **Le grand jour est (déjà) arrivé.**

待ちに待った日がついにやってきた.

☐ **finir ses jours**　生涯を閉じる（終える）

=finir sa vie

447 **avance**　前進・先行・前払い

☐ **à l'avance**　早めに，前もって

⇨ avertir *qn* à l'avance「早めに(人に)知らせる」

☐ **d'avance**　あらかじめ，前もって ⇨ 094

⇨ payer d'avance「前払いする」

☐ **en avance (sur ...)** (～に)先んじて，予定より早く

　☐ Cet artiste est en avance sur son temps.

　　その芸術家は時代に先んじている.

448 **surface** 表面・面積・外観・うわべ

☐ **en surface** 表面的に，うわべだけ

　⇨ traiter un problème en surface「問題を表面的に扱う」

449 **rôle** 役・役割

☐ **à tour de rôle** 順番に，代わる代わる

　☐ Elles chantaient à tour de rôle.

　　彼女たちは代わる代わる歌っていた. =tour à tour ⇨ 105

☐ **avoir le beau rôle** 割のよい役回りを演じる，いい目をみる

450 **relation** 関係・関連・交際・付き合い

☐ **être en relation(s) avec *qn*** ～と付き合っている

　cf. se mettre [entrer] en relation(s) avec *qn*「人と交際し始める」

451 **absence** 不在・欠席・(**de** の) 欠如

☐ **en l'absence de *qn* / *qch***

　(1) (人) がいないときに

　(2) ～がない (いない) ので＝par manque de *qch*，faute de *qch*

452 **nécessité** 必要・必要性

☐ **de première nécessité** (生活する上で)どうしても必要な

　⇨ objets de première nécessité「生活必需品」

☐ **par nécessité** 必要に迫られて，やむなく

　cf. sans nécessité「必要もないのに」

☐ **être [se trouver] dans la nécessité de+*inf.***

　～せざるを得ない，～する必要に迫られている

　☐ Il est dans la nécessité d'emprunter de l'argent.

　　彼は借金をせざるを得ない.

453 **état** （人の・物の）状態・国家

□ **en état de+(無冠詞名詞)** ～の状態に

⇨ être en état de faillite「破産状態にある」
cf. dans un état+形容詞, dans un état de+無冠詞名詞「～の状態に」
⇨ être dans un état grave「深刻な状態（病状）にある」
cf. à l'état+形容詞, à l'état de+無冠詞名詞
「(進展の一段階) ～の状態で」

□ **en état de+*inf.*** ～できる状態で

☑ Votre voiture n'est plus en état de rouler.
あなたの車はもう走れる状態ではない.

⇔ hors d'état de+*inf.*「～できない状態で」

454 **erreur** 間違い・思い違い

□ **faire erreur** 思い違いをする, 間違う

□ **par erreur** 誤って, うっかり

☑ Elle a frappé chez son voisin par erreur.
彼女はついうっかり隣のお宅をノックした.

cf. sauf erreur「もし間違っていなければ」⇨ 084

455 **prétexte** 口実

□ **donner [fournir] des prétextes à *qn*** （人に）言い訳をする

cf. donner prétexte à *qch*「～の口実になる」
La maladie donne prétexte à tout.
「病気はどんな場合でも口実になる」

□ **prendre prétexte de *qch* pour+*inf.*** ～を口実に…する

□ **sous prétexte de+無冠詞名詞 [de+*inf.*] /**
sous (le) prétexte que+〔直説法〕

☑ Sous prétexte de maladie, mon grand-père ne sort plus.
病気を口実に, 祖父はもはや外出しない. ⇨ 047

456 **compte** 計算・勘定・口座

□ **avoir un compte en banque** 銀行に預金口座を持っている

☐ **à son compte**
(1) 自分の負担〔責任〕で　(2) ～の考えによれば

◪ Vous devez travailler à votre compte.
あなたは自立しなくてはならない（独立して働かなくてはならない）.

☐ **en fin de compte**　結局，要するに＝au bout du compte

◪ En fin de compte, je ne suis pas sorti(e) hier.
結局，昨日は出かけなかった.

☐ **rendre compte de *qch* (à *qn*)**
（人に対して）～の報告をする，説明する

☐ **se rendre compte de *qch* [que＋〔直説法〕]**
～に気づく，～がわかる，理解する ⇨ 260

☐ **tenir compte de *qch***　～を考慮に入れる，尊重する ⇨ 269
＝avoir égard à *qch*, prendre *qch* en considération

☐ **pour le compte de *qn***　(1) ～の(利益)のために　(2) ～としては

457 **goût**　味・味覚・センス・好み・趣味

☐ **avoir du goût**　(1) センスがいい　(2) 味がいい

◪ Votre enfant a du goût pour la musique.
あなたの子どもは音楽についていいセンスをしている.

☐ **avoir bon [mauvais] goût**
(1) 味がいい〔まずい〕　(2) 趣味がいい〔悪い〕

☐ **prendre goût à *qch***　～が好きになる

458 **terme**　期限・家賃・言葉

☐ **être en bons [mauvais] termes avec *qn***　(人と)仲が良い〔悪い〕

☐ **à court [moyen, long] terme**　短期〔中期，長期〕の
⇨ programme à court [long] terme「短期〔長期〕計画」

☐ **en d'autres termes**　言い換えれば

459 **théorie**　理論・学説

☐ **en théorie**　理論上は，理屈では

◪ C'est beau en théorie, mais en fait, c'est impossible !
理論的には素晴らしいが，実際には不可能だ.

460 **circonstance**　状況・機会

□ **de circonstance**

(1) 状況に適した，当を得た　(2) 特別な機会に着想した

(3) 一時的な，うわべだけの

▨ **Ce n'est pas de circonstance.**　それは場違いだ.

⇨ Cela dépend des circonstances.「それは事と次第による」

cf. pour la circonstance「この際，この(特別な)機会に」

□ **selon les circonstances**　状況に応じて，臨機応変に

▨ **On doit toujours agir selon les circonstances.**

常に状況に応じて行動すべきだ.

461 **hauteur**　高さ・高台

□ **à la hauteur de *qn* / *qch***

(1) ～の高さに　(2) ～の場所で，～の位置に　(3) ～に比肩する

cf. être à la hauteur de *qn* / *qch*「～に対応（対処）する能力がある」

462 **longueur**　縦・長さ

□ **à longueur de**＋無冠詞名詞　～の間中ずっと

▨ **Il pleuvait à longueur de journée.**

1日中ずっと雨が降っていた.

cf. un pont de 50 mètres de longueur「長さ50メートルの橋」

463 **niveau**　水準・(水面等の) 高さ

□ **au niveau**＋形容詞　～のレベル〔次元〕で

□ **au niveau de *qn* / *qch***

(1) ～に関しては　(2) ～の高さで＝à la hauteur de

(3) ～のところで　(4) ～の面で；～の水準で

▨ **Au niveau de l'ortographe, il a des problèmes.**

つづりに関しては，彼は問題がある.

▨ **Tournez à droite au niveau du restaurant.**

レストランのところで右折して下さい.

cf. se mettre au niveau de *qn*「(人の) レベルに合わせる」

464 **confiance** 信用・信頼・自信

☐ **avoir confiance en *qn*＝faire confiance à *qn***
(人を）信用（信頼）する

☐ J'ai confiance en vous.
あなたを信用します．＝Je vous fais confiance.

☐ **avoir la confiance de *qn*** （人の）信用を得ている

☐ **avec confiance** (1) 信頼して (2) 自信をもって

☐ **en (toute) confiance** （すっかり)安心（信頼）して

465 **charge** 責任・（複数で）負担金・積荷・（法的）証拠

☐ **avoir la charge de *qn* / *qch***
(1) ～の責任を負っている (2)（人を）扶養する

☐ Les parents ont la charge de l'éducation de leurs enfants.
両親には子どもを教育する責任がある．

☐ **prendre *qn/qch* en charge**
(1)（人の）世話（責任）を引き受ける (2)（費用等を）負担する
(3)（タクシーで）客をのせる
cf. prise en charge「（タクシーの）基本料金」

☐ **être à la charge de *qn***
(1)（人に）養われている (2) ～の負担になる

466 **origine** 出身・原産地・起源・原因

☐ **à l'origine** 初めは，当初は，そもそもは

☐ **être à l'origine de *qch*** （事柄が）～の原因である

☐ Son manque d'énergie est à l'origine de son échec.
彼（彼女）が失敗したのは気力が欠けていたからだ．

467 **cours** 講義・課程・流れ

☐ **au cours de *qch*** ～の間（期間中）に

☐ Mon ami a visité cette ville au cours de son voyage en France.
私の友人はフランス旅行中にその町を訪れた．
＝durant le cours de *qch*

□ **avoir cours** (1) 授業がある (2) 通用している

☑ Cette monnaie n'a plus cours.

このお金はもう通用しない.

□ **en cours** (1) 進行中の (2) 流通する

cf. en cours de＋無冠詞名詞「～の途中で」

468 **idée** 思いつき・着想・見当・意見

□ **avoir dans l'idée que**＋〔直説法〕 ～と思う，想像する

☑ J'ai dans l'idée qu'elle va accepter mon offre.

彼女は私の申し出を承諾するような気がする.

□ **avoir l'idée [la bonne idée] de *qch* [de＋*inf.*]**

～(という良い思い)を思いつく

□ **venir à l'idée** 思いつく，頭に浮かぶ

469 **condition** 条件・状況・体調

□ **à (la) condition de＋*inf.* [que＋〔直説法・未来形〕／〔接続法〕]**

～という条件で，もし～ならば

▶468

□ **mettre *qn* en condition**

(1)（選手などの）コンディションを整える

(2)（人・集団を）誘導する，操作する

470 **évidence** 明白なこと

□ **mettre *qch* en évidence**

(1) ～を人目につくようにする (2) ～を明らかにする

cf. mettre en évidence「でしゃばる，目立つ」

cf. être en évidence「目につくところにいる（ある)」

471 **humeur** 機嫌・気質

□ **être de bonne [mauvaise] humeur** 上機嫌〔不機嫌〕である

□ **être [se sentir] d'humeur à＋*inf.*＝être en humeur de＋*inf.***

～する気になっている，～したい

☑ Je ne suis plus d'humeur à vous écouter.

もうあなたの話を聞く気がしない.

472 **joie** 喜び・陽気さ・楽しみ ⇨ 014

□ **avoir la joie de +*inf.*** ～するという喜びをもつ

□ **mettre *qn* en joie** （人を）喜ばせる

cf. être en joie「喜んでいる，上機嫌である」

□ **faire [être] la joie de *qn*** （人の）楽しみになっている

◪ Cette excursion fait la joie des enfants.

今度の遠足は子どもたちの楽しみだ．

□ **se faire une joie de *qch* [de+*inf.*]**

～を喜びとする，楽しみにする

473 **figure** 顔・図・図版・絵札

□ **faire figure de+無冠詞名詞** ～のように見える

◪ Votre maison fait figure de château par rapport à la mienne.

あなたのお宅は自宅に比べるとまるで城のようだ．

⇨ par rapport à *qn* / *qch*「～と比べて」 086

＝en comparaison de *qn* / *qch*

□ **prendre figure** 形をなす，具体化（実現）する

＝prendre forme ⇨ 435

474 **défaut** 欠点

□ **à défaut de *qch*** ～がなければ，～の代わりに

⇨ à défaut de mieux「次善の策として」

□ **faire défaut (à *qn*)** （人に）不足する，欠ける

◪ La patience vous fait défaut.

あなたには辛抱が足りない．

□ **mettre *qn* en défaut** （人を）だます，誤らせる

cf. être [se mettre] en défaut「誤る，違反する，約束を破る」

475 **semblant** 見せかけ

□ **faire semblant (de+*inf.*)** （～する）ふりをする

◪ J'ai fait semblant de ne pas voir mon père.

私は父に気づかないふりをした． ⇨ 198

476 **droit**　権利・法律・(多くは複数で) 税・料金

☐ **avoir le droit de+*inf.***

～する権利がある，～することが許可されている

☐ Vous n'avez pas le droit de stationner ici.

ここには駐車できません．

☐ **avoir droit à *qch***　～を受ける権利がある

☐ **donner (à *qn*) le droit de+*inf.***

(人に) ～する権利を与える

477 **besoin**　必要・要求・必需品

☐ **avoir besoin de *qn* / *qch* [de+*inf.* / que+〔接続法〕]**

～を必要だ，～をする必要がある

☐ On n'a pas besoin de le dire.

それは言うまでもないことです．⇨ 164

☐ **au besoin**　必要な場合には，やむをえなければ ⇨ 289

☐ **s'il en est besoin, si besoin est**　もし必要ならば

478 **bruit**　音・騒音・噂

☐ **faire du bruit**

(1) 音をたてる　(2) 騒ぐ　(3) 大きな反響を呼ぶ，話題になる

cf. faire grand bruit「騒音をたてる，大評判になる」

⇨ faire grand bruit de *qch*「～を騒ぎたてる；自慢する」

☐ **Le bruit court [se répand] que+〔直説法〕**

～という噂が広がっている

☐ Le bruit court qu'ils vont bientôt divorcer.

彼らがもうすぐ離婚するという噂が流れている．

479 **échelle**　はしご・段階・尺度

☐ **à l'échelle+〔形容詞〕[de *qch*]**

～の規模に見合った，～規模の（で）

☐ Cette enquête a été menée à l'échelle nationale.

その調査は全国規模で実施された．＝au niveau+〔形容詞〕

☐ **faire la courte échelle à *qn***
(1)（手・肩をかして）はしごの代わりをする　(2)（人の）成功に手をかす

☐ **faire *qch* sur une grande échelle**　大規模に，大々的に行なう

480 **affaire**　用事・仕事・問題・事件・事業・ビジネス

☐ **avoir affaire à *qn***
（人と）かかわり合う，（人に）話がある，（人を）相手にする

☐ **faire l'affaire (de *qn*)**　十分である，（人の）用をこなす

☑ Mêlez-vous [Occupez-vous] de vos affaires !
余計なお世話だ（口出しするな）.

☐ **affaire de＋〔時間の表現〕**　ほんの〜で片づくこと

⇨ affaire d'un instant「すぐに片づく事」
cf. en l'affaire de＋〔時間の表現〕「ほんの〜の間に」

481 **objet**　事物・物体・品物・目的

☐ **avoir pour objet *qch* [de＋*inf.*]**
〜(すること)を対象（目標）とする

☑ Cet article a pour objet la protection de l'environnement.
この論文は環境保護を主題にしている.

☐ **être [faire] l'objet de *qch***　〜の対象である（になる）

☑ Ce problème fait toujours l'objet de débats.
この問題は常に議論の対象となる.

☐ **sans objet**　根拠のない，無意味な

482 **feu**　火・火事・信号・照明

☐ **prendre feu**　火がつく，燃えだす，かっとなる，夢中になる

☐ **en feu**　(1) 燃えている　(2) 火照っている，赤くなっている

cf. (être) en flammes「(火事で) 炎につつまれた」

483 **métier**　職業・仕事

☐ **avoir du métier**　仕事の経験を十分に積んでいる，腕がいい

☐ **être du métier**　プロである，専門家である

⇨ homme [femme] de métier「専門家」

484 **mieux**　よりよいもの・最善・よりよく（よい）

☐ **de＋〔所有形容詞〕＋mieux＝le mieux possible**

最善をつくして，できるかぎり

☐ **pour le mieux**

(1) できるかぎり，最善をつくして　(2) 最高に良く

☐ **au mieux**　最も良く（うまく），最もうまくいけば（いっても）

cf. au mieux de *qch*「～に最も都合のいいように」

☐ **faire mieux de＋*inf.***　～する方がよい

☐ **Tu ferais mieux de te taire.**

君は黙っているほうがいいですよ．⇨ faire は多く条件法．

485 **œuvre**　作品・（仕事の）成果・仕事

☐ **faire son œuvre**　（時間や死が）事を全うする，作用する

☐ **Laissons le temps faire son œuvre.**

時が解決するのに任せよう．

☐ **à l'œuvre**　働いて，活動して，仕事で

⇨ se mettre [être] à l'œuvre「仕事にとりかかる〔仕事中である〕」

▶484
☐ **mettre *qch* en œuvre**　～を用いる，実行（活用）する

⇨ mise en œuvre は「利用，活用；実行」を意味する名詞となる．

486 **secret**　秘密・秘訣・こつ

☐ **faire un secret de *qch***　～を秘密にする

☐ **en secret / dans le secret**　こっそりと，隠れて

＝secrètement, en cachette, à la dérobée
cf. s'en aller à pas de loup「こっそりと立ち去る」
entrer en tapinois「こっそり入ってくる」
sortir à l'anglaise「(挨拶せずに)こっそり出ていく」

487 **bout**　端・先・終わり・切れ端

☐ **(aller) jusqu'au bout**　最後まで，徹底的に(やる)

＝complètement, radicalement, à fond

☐ **de bout en bout**　端から端まで

＝de part en part

■ **de 名詞 en 名詞〈de 副詞 en 副詞〉の例**

☐ **de minute en minute** 刻々と，分刻みで

☐ **de jour en jour** 日々，日ごとに

☐ **de temps en temps** ときどき＝par intervalle(s)

☐ **de long en large** 縦横に，あちこちに＝dans tous les sens

☐ **de plus en plus** ますます(だんだん，次第に)多く

☐ **de moins en moins** ますます(だんだん，次第に)少なく

☐ **de mieux en mieux** ますます(だんだん，次第に)良く

☐ **au bout de *qch***

(1)〔空間〕～の端に (2)〔期間〕～の後に，～の終わりに

☐ **Elle a quitté l'hôpital au bout d'un mois.**

彼女は1ヵ月後に退院した．⇨ 068

cf. au bout du mois「月末に」

☐ **à bout (de＋無冠詞名詞)**

（体力・我慢等の）尽きた，限界の，疲れ果てた

☐ **Ma patience est à bout.**

我慢の限界だ（堪忍袋の緒が切れた）．

☐ **mettre [pousser] *qn* à bout** （人を）怒らせる

＝mettre *qn* en colère

488 **chance** 運・幸運・(多く複数で）見込み

☐ **avoir de la chance de＋*inf.* [que＋〔接続法〕]**

(～するとは)運がいい，うらやましい

cf. avoir de la chance「運がいい，ついている」

cf. avoir la chance de＋*inf.*「運よく～する」

☐ **par chance** 運良く，幸運にも⇔par malchance

cf. coup de chance「思わぬ幸運」

489 **aise** くつろぎ

☐ **se mettre à l'aise [à son aise]** （窮屈な服をぬいで）くつろぐ

＝faire comme chez soi

☐ **mettre *qn* à l'aise [à son aise]** （人を）くつろがせる

☐ **à l'aise [à son aise]**

快適である，楽々と，金に不自由していない，裕福に

☑ **Six personnes tiennent à l'aise dans cette voiture.**

その車には６人がゆったり乗れる．

cf. mal à l'aise [à son aise]「居心地が悪い，気分が悪い」

490 **mal** 災い・痛み・病気・苦労・不都合

☐ **avoir du mal à+*inf.*** ～するのに苦労する

cf. avoir du mal à＋身体「～が痛い」

☐ **dire du mal de *qn*** （人の）悪口を言う

＝médire de *qn*, calomnier *qn*

☐ **faire mal à *qn*** （人に）苦痛（痛み）を与える

☑ **Mon bras gauche me fait mal.**

私は左腕が痛い．

☐ **faire du mal à *qn*** （人を）苦しめる，害悪を及ぼす

☐ **se faire mal (à *qch*)** ～に怪我をする，～を傷める

＝se blesser [à] *qch*, être blessé

☐ **se donner du mal [un mal de chien] pour+*inf.***

～するのにひどく苦労する（頑張る）

☑ **Je me suis donné du mal pour écrire ce livre.**

私はこの本を書くために頑張った．

491 **fois** 度・回

☐ **à la fois** 同時に，一度に

☐ **A fois sur B** B回のうちA回

⇨ une fois sur dix「10回に1回」

cf. A fois par B（時間の要素）「Bにつき A回」⇨ 034

⇨ une fois par semaine＝une fois la semaine「週に1度」

☐ **chaque fois que+〔直説法〕** ～するたびに

☐ **une fois+〔過去分詞〕（状況補語）** いったん（ひとたび）～すると

☑ **Une fois partie, elle revient toujours à la maison très tard.**

ひとたび外出すると，彼女はいつも帰りが遅い．

492 **classe**　クラス・授業・等級・ランク・風格

□ **en classe**　授業中に

cf. aller en classe「学校に行く（学齢に達する；通学する）」

□ **faire la classe**　〔教師が〕授業をする

□ **avoir de la classe**　風格（気品）がある

493 **garde**　管理・保管・保護・監視

□ **prendre garde (à *qn* / *qch*)**　～に注意（用心）する

cf. prendre garde de ne pas+*inf.*「～しないよう十分気をつける」

□ **faire bonne garde**　厳重に見張る

494 **partie**　部分・勝負・ゲーム

□ **une grande [bonne] partie de *qch***　～の大部分

□ **en partie**　部分的に

cf. en grande [majeure] partie「大部分は，大多数は」

□ **faire partie de *qch***　～の一部をなす，～に属する

▨ Maurice fait partie de notre équipe.

モーリスは私たちのチームの一員です.

495 **action**　行動・活動・行為・作用・影響力

□ **en action**　作動（活動）している

⇨ mettre *qch* en action「～を作動させる」

□ **avoir de l'action sur *qn* / *qch***　～に対して影響力を持っている

496 **nom**　名・姓

□ **au nom de *qn* / *qch***　～の名前で，～の名において，～を代表して

▨ Il a pris la parole au nom des victimes de l'accident.

彼は事故の犠牲者に代わって発言した.

□ **de nom**　名前だけ，名前で

⇨ ne connaître *qn* que de nom「人を名前でしか知らない」

497 **nature** 自然・性質

□ **de nature à+*inf.*** ～することができる（性質の）

⍁ Ma manière de parler est de nature à me faire des ennemis.

私の話し方は敵を作りかねない性質のものだ.

498 **but** 目的・目的地

□ **dans le but de+*inf.* [que+〔接続法〕]** ～する目的で，～するために

⍁ Il travaille dans le seul but de gagner de l'argent.

彼は金もうけだけを目的に仕事をしている.

499 **fin** 終わり

□ **à la fin** (1) 最後には，結局 (2)（いらだちを示して）まったく

⍁ A la fin, ils se sont réconciliés.

最後には彼らは仲直りした.

cf. à la fin de ...「～の終わりに，末に」，au début de ...「～の初めに」
au milieu de ...「～の半ばに，間に，～の最中に」

□ **en fin de+無冠詞名詞** ～の終わり(ごろ)に

cf. en début de+無冠詞名詞「～の初めに」
en plein milieu de+無冠詞名詞「～の真ん中に」

□ **en fin de compte** 結局のところ ⇨ 456

□ **prendre fin** 終わる

⍁ La cérémonie a pris fin à dix heures.

式は10時に終わった.

500 **direction** 方向・指導・管理・経営・指揮

□ **sous la direction de *qn***

(1) ～の指導（管理）のもとで (2)〔音楽〕（人）の指揮による

□ **en direction de+場所** ～の方向に

＝dans la direction de+場所

cf. changer de direction「方向を変える」
dans toutes les directions「あらゆる方向に，四方八方に」

501 **compagnie** 一緒にいること・(集まった)人々・会社

☐ **en compagnie de *qn*** (人)と一緒に

⁄ Je me plais en ta compagnie.

君と一緒だと楽しい. ⇨ 138

☐ **tenir compagnie à *qn*** (人)と一緒にいる，付き添う

502 **date** 日付

☐ **de longue [vieille, fraîche] date** 長年の〔古くからの，最新の〕

⁄ Nous sommes amis de longue date.

私たちは長年の親友です.

☐ **faire date** (事件・作品などが)時代を画す

503 **peine** 心痛・労苦・刑罰

☐ **avoir de la peine à+*inf.*** 〜するのに苦労する，〜しがたい

☐ **prendre [se donner] la peine de+*inf.***

わざわざ〜する，〜する労をとる

⁄ Prenez la peine d'entrer.

どうぞお入りください.

☐ **valoir la peine de+*inf.* [que+〔直説法〕]**

〜する価値がある

504 **profit** 利益・有益

☐ **au profit de *qn* / *qch*** 〜の利益になるように，〜のために

☐ **tirer profit de *qch*** 〜から利益を得る，〜を役立てる，利用する

⁄ Il n'y a aucun profit à tirer de ce cours.

その講義からはなにも得るところがない.

505 **service** 手助け・サービス(料)・勤務・部局

☐ **être de service** 勤務中(当直)である

cf. être en service「営業中である」

☐ **rendre service à *qn*** 人の役に立つ ⇨ 259

□ **au service de *qn / qch*** 〜の役に立って，〜のために働いて

⇨ se mettre au service de l'Etat「国家のために働く」

506 **bénéfice** 利益・利潤・得

□ **au bénéfice de *qn / qch***

(1) 〜のために，利益となるように (2) 〜の特典（恩典）によって

☑ **La campagne a été organisée au bénéfice des handicapés.**

そのキャンペーンは障害者のために実施された.

⇔au détriment de *qn*「〜を犠牲にして，〜の不利益を顧みずに」

507 **conséquence** 結果・重大な結果

□ **en conséquence**

(1) その結果，したがって (2) それに応じて，それ相応に

cf. en conséquence de *qch*「〜に従って，〜の結果として」

□ **avoir *qch* pour conséquence**

結果として〜をもたらす，〜の結果を招く

508 **danger** 危険

□ **courir un danger** 危険を冒す

cf. être en danger「危険にさらされている」

⇔être hors de danger「危険を脱している，（病が）峠を越している」

□ **Il y a (du) danger à+*inf.*** 〜するのは危険である

cf. (Il n'y a) pas de danger (que+〔接続法〕)

「その心配はない，〜はあり得ない」

509 **faveur** 好意・特別のはからい

□ **en faveur de *qn / qch***

(1) 〜のために，〜の有利になるように (2) 〜に免じて，を考慮して

cf. être en faveur「人気がある，評判の良い」＝être à la mode

Cette voiture a été en grande faveur il y a dix ans.

「この車は 10 年前に大変な人気だった」

510 **intervalle** （時間的・空間的）間隔

☐ **à deux ans d'intervalle**　２年ぶりに

cf. à deux centimètres d'intervalle「２センチずつ間隔をあけて」

cf. à intervalles réguliers「定期的に」

☐ **par intervalle(s)**　(1) ところどころに　(2) 時々

☑ **Par intervalles, on entendait le bruit d'un bateau.**

時々，船の音が聞こえてきた.

☐ **dans l'intervalle**　その間に，それまでに

511 **sujet**　主題・原因・主語

☐ **au sujet de *qn* / *qch***　～について，～のことで

☑ **Qu'est-ce qu'on raconte au sujet de Monsieur Suzuki ?**

鈴木さんについてどんな噂が流れていますか.

＝sur le compte de *qn*

☐ **à quel sujet**　何のことで

☑ **C'est à quel sujet ?**　＊話をしようとしている人に対して

何の話ですか／どういうご用件ですか.

☐ **avoir sujet de＋*inf.***　～する理由がある

☑ **Tu n'as pas sujet de te plaindre.**

君が不満を言う筋合いはない.

動詞＋前置詞のパターン例

＊以下仏検２級レベル重要度・頻度を勘案した展開．前置詞・名詞の項目ですでにとりあげた表現も再録している.

512 ☐ **dépendre de *qn* / *qch***

(1) ～次第である，左右される　(2) ～に依存する　(3) 所属する

☑ **Si on passait le week-end à la mer ?　— Ça dépendra du temps.**

週末は海で過ごしましょう.　――天候次第です.

☑ **Cela dépend beaucoup de vos efforts.**

あなたの努力に待つところが大きい. ＝On attend beaucoup de vous.

cf. Ça [Cela] dépend.「場合によります（なんとも言えません）」

513 ☐ **augmenter de+数量**　(〜だけ)増える，増加する

☑ **Les prix à la consommation ont augmenté de trois pour cent.**

消費者物価が3パーセント上昇した．⇔ diminuer

514 ☐ **faire mention de *qn / qch***　〜について言及する

☑ **Le journal télévisé a fait mention de la mort de cet acteur.**

テレビニュースがその俳優の死を伝えた．

＝mentionner *qn / qch*, parler de *qn / qch*

515 ☐ **informer *qn* de *qch* [que+〔直説法〕]**　人に〜を知らせる

☑ **Marie m'a informé(e) de son arrivée à Narita.**

マリーは成田に着いたと私に連絡してきた．

＝avertir *qn* de *qch* [que+〔直説法〕]

＝annoncer *qch* à *qn*, faire connaître *qch* à *qn*

cf. informer *qn* sur [au sujet de] *qch*

「(人に〜について) 情報を与える」

516 ☐ **faire part de *qch* à *qn***　人に〜を知らせる，公言（発表）する

☑ **J'ai fait part de mon mariage à mes amis.**

私は友人に結婚することを知らせた．

＝faire part à *qn* que+〔直説法〕

cf. lettre de faire part「(結婚・誕生等の) 通知状」

cf. prendre part à *qch*「〜に参加する」⇨ 245

517 ☐ **tenir [mettre] *qn* au courant de *qch***

〜について人に情報を知らせる（常に知らせておく）

☑ **Tenez-moi au courant de la suite des événements.**

事態の成り行きを逐一知らせてください．

cf. être au courant (de *qch*)「(〜を)知っている，事情に通じている」

518 □ **donner [fournir] à *qn* des renseignements [un renseignement] sur *qch***

～について（人に）教える（説明する）＝renseigner *qn* sur *qch*

□ **Pouvez-vous me donner [fournir] des renseignements précis sur ce projet ?**

その計画について正確な情報を教えてくれませんか.

519 □ **avoir [prendre] soin de *qn* / *qch***

～を大事にする，世話をする＝soigner

□ **Prenez bien soin de votre santé !**

（病人・老人に対して）どうぞお体を大切に.

cf. avoir [prendre] soin de＋*inf.*「～するように気をつける」
Ma mère a pris soin de ne m'en rien dire.
「母は気をつかって私になにも言わなかった」

520 □ **s'occuper de *qn* / *qch***

(1) ～の世話をする　(2) ～に従事する，かかわる

□ **Elle s'occupe bien de ses parents.**

彼女は親の面倒をよくみる（親孝行をする）. ⇨ 241

cf. s'occuper à＋*inf.*「～して時を過ごす」

521 □ **différer de *qn* / *qch* / être différent de *qn* / *qch***

～とは違う

□ **Les coutumes diffèrent d'un pays à l'autre.**

習慣は国によってまちまちである.

cf. C'est (tout) différent.「それとこれとは話が違う（それなら話は別だ）」

522 □ **distinguer A et [de, d'avec] B**　A と B とを区別（識別）する

＝faire la distinction entre A et B

⇨ distinguer le vrai et le faux [du faux, d'avec le faux]
「真偽を見分ける，本物と偽物を見分ける」

523 □ **contributer à *qch* [à+*inf.*]** ～に貢献（寄与，協力）する

☑ **Beaucoup de gens ont contribué à édifier ce monument.**

この記念建造物を造るのに多くの人たちが協力した.

cf. mettre *qn / qch* à contribution「～を利用する，～に頼る」
mettre un ordinateur à contribution pour *qch* [+*inf.*]
「～に（～するために）コンピュータを利用する」

524 □ **faire (bien) attention à *qn / qch*** ～に注意する，用心する

☑ **Faites attention au feu.**

火には注意しなさい. ⇨ 192

cf. faire attention à [de]+*inf.*「～するように注意する」
＝faire attention (à ce) que+〔接続法〕

525 □ **avoir de la peine [du mal, de la difficulté] à+*inf.***
～するのに苦労する

☑ **J'ai de la peine à comprendre votre texte.**

私はあなたの文章がなかなか理解できない. ⇨ 175

＝se donner de la peine pour+*inf.*

526 □ **répondre à l'attente de *qn*** （人）の期待にこたえる

☑ **Nous devons répondre à l'attente de nos parents.**

私たちは両親の期待にこたえなくてはならない.

cf. tromper [décevoir] l'attente de *qn*「（人）の期待を裏切る」

527 □ **exercer une (grande) influence sur *qn / qch***
～に(大きな)影響を与える

☑ **Il a exercé une grande influence sur ses amis.**

彼は友人たちに多大な影響を与えた.

＝influencer *qn / qch*

528 □ **récompenser *qn* de [pour] *qch*** ～について人に報いる

☑ **Elle a été récompensée de ses efforts.**

彼女の努力は報われた.

529 □ **voler *qch* (A) à *qn* (B)**　人(B)から A を盗む

☑ **Pierre a volé ce porte-monnaie à un passant.**

ピエールは通行人からこの財布を盗んだ.

cf. dérober *qch* à *qn*「(こっそりと)人から物を盗む，かすめとる」

cf. Je me suis fait voler mon porte-monnaie.

「私は財布を盗まれた」

530 □ **enlever *qch* (A) à *qn* (B)**

人(B)から A を奪う，取り上げる，切除する

☑ **Cet homme m'a enlevé toute espérance.**

その男は私からすべての希望を奪った.

531 □ **priver *qn* (A) de *qch* (B)**

(1) 人(A)から B を奪う，剥奪する　(2) 人(A)に B を禁じる

☑ **La situation m'a privé(e) de tout espoir.**

状況は私のあらゆる希望を断った.

532 □ **consacrer *qch* (A) à *qn* (B)**　人(B)に A を充てる

☑ **Vous pouvez me consacrer un quart d'heure ?**

15分ほど時間をもらえませんか.　=destiner

＊注意：Aの位置には「時間・お金・労力」を置く.

cf. vouer A à B「A（人生・生活)を B に捧げる」

533 □ **reprocher *qch* (A) à *qn* (B)**　人(B)の A を非難する（とがめる）

☑ **Je lui reproche son mensonge.**

私は彼（彼女）の嘘をとがめているのだ.

cf. faire des reproches à *qn*「人をとがめる」

534 □ **être en opposition avec *qn* / *qch***

〜と食い違っている，〜と意見があわない

☑ **Votre attitude est en opposition avec vos principes.**

あなたの態度はあなたの主義主張とあっていない.

cf. entrer en opposition avec *qn* sur [au sujet de] *qch*

「〜について人と(意見が)対立する」

535 □ **faire concurrence à *qn / qch*　～と張り合う，競争する**

cf. entrer en concurrence avec *qn / qch*「～と競争を始める」

536 □ **prendre [contracter] l'habitude de+*inf.***
～するくせ（習慣）がつく，～に慣れる

⧄ En France, je prenais l'habitude de boire à chaque repas.
フランスで，私は食事のたびに飲酒の習慣が身についていった．

cf. avoir l'habitude de *qch* [de+*inf.*]
「～を習慣にしている，いつも～する，～に慣れている」⇨ 180 409

537 □ **tenir tête à *qn*　～に反抗（抵抗）する，意志に逆らう**

⧄ Elle n'a pas osé tenir tête à son père.
彼女は父親の意志に逆らえなかった．⇨ 571

538 □ **prendre la responsabilité de *qch*=prendre *qch* sur soi**
～の責任を負う

⇔ décliner toute responsabilité「一切責任を負わない」
⇔ rejeter la responsabilité de *qch* sur *qn*「～の責任を(人)に転化する」

539 □ **avoir *qch* en mémoire　～を覚えている，記憶している**

⧄ Elle a cet événement en mémoire.
彼女はその事件を覚えています．

=avoir mémoire de *qch*, garder la mémoire de *qch*
cf. avoir de la mémoire=avoir une bonne mémoire
「物覚えが良い，記憶力がよい」
cf. avoir la mémoire courte「忘れっぽい」

540 □ **faire appel à *qch / qn*　～に訴える，～に助けを求める**

⧄ Tu dois faire appel à toutes tes forces.
君は全力をふり絞らなくてはならない．

541 □ **féliciter *qn* de+*inf.* [pour *qch*]**
～したことで（について）人を祝福する

☑ **Je vous félicite d'avoir réussi à cet examen.**
試験の合格をお喜びもうしあげます．⇨ 不定法複合形が通常．

cf. se féliciter de+*inf.*「～するのを喜ぶ」

542 □ **faire un retour sur le passé**　過去を回顧する

＝se reporter au passé

543 □ **prendre contact avec *qn***
～と連絡をとる，～と知り合いになる

＝entrer [se mettre] en contact avec *qn*

544 □ **mettre de l'ordre dans *qch***　～を整理（整頓）する

☑ **Vous devez mettre de l'ordre dans votre chambre.**
部屋を片づけなくてはならない．＝mettre *qch* en ordre

cf. avoir de l'ordre「几帳面である，整理整頓の能力がある」

545 □ **faire l'effort de+*inf.***　～しようと努力する

☑ **Elle ne fait même pas l'effort de m'écrire.**
彼女は私に手紙さえよこそうとしない．

＝s'efforcer de+*inf.*, tâcher de+*inf.*

546 □ **remettre *qn* à sa place**　人に身の程を思い知らせる

⇔ savoir rester à sa place「身の程を知っている，高望みしない」
cf. à sa place「所定の場所に，ふさわしい場所（地位）に」

547 □ **changer de *qch***（無冠詞名詞）　～と替える，変更する

☑ **Changez de place avec moi.**
私と席を替わってください．

cf. se changer en *qch*「～に変わる」
La pluie risque de se changer en neige.
「雨が雪になるおそれがある」

548 □ **faire entrer *qch* en ligne de compte**　**～を考慮に入れる**

=prendre *qch* en considération
⇔ faire abstraction de *qch*「～を考慮に入れない」

549 □ **persuader *qn* de *qch* [de *inf.*]**
人に～を説得する，人を説得して～させる

◪ **Il m'a persuadé(e) de l'efficacité de ce médicament.**
彼はその薬が効くことを私に納得させた.

550 □ **éclater de rire**　**どっと笑う，爆笑する**

cf. rire aux éclats「大笑いする」
rire sous cape「ほくそ笑う」
rire jaune「作り笑いをする」
cf. éclater en＋無冠詞名詞「突然～する」
éclater de＋無冠詞名詞「～で満ちあふれている」

551 □ **soit dit entre nous**　**ここだけの話だが**

◪ **Soit dit entre nous.**=Entre nous soit dit.
私たちの間だけの話です.

cf. soit dit en passant「ついでに言えば」

552 □ **donner [fixer] (un) rendez-vous à *qn***
人に場所・日時を指定する（会う約束をする）

cf. avoir (un) rendez-vous avec *qn*「人に会う約束がある」

553 □ **protéger A contre [de] B**　**A を B から守る，防ぐ**

◪ **On doit protéger la population de la pollution.**
汚染から住民を守らなくてはならない.

554 □ **considérer [regarder] A comme B**　**A を B と見なす**

=tenir A pour B

555 □ **arrêter *qch* (A) sur *qn* / *qch* (B)**　A を B に向ける

☑ **Il a arrêté son regard sur elle.**

彼は彼女に目をとめた. ⇨ arrêter son regard sur *qn* / *qch*

cf. jeter un regard sur *qn* / *qch*「～をちらっと見る」
promener son regard sur *qn* / *qch*「～の全体を見渡す」

cf. arrêter son choix sur *qch*「～を選ぶ, ～に決める」

556 □ **être à la base de *qch***　～の基礎となる

☑ **Votre acharnement est à la base de votre réussite.**

あなたの熱心さが成功のもとです.

557 □ **faire don de *qch* à *qn***　人に～を贈る, 寄贈する

＝offrir *qch* à *qn*

558 □ **emprunter *qch* à *qn***　人から～を借りる

☑ **Elle a emprunté cet argent à son ami.**

彼女は友人からこの金を借りた.

＊注意 :「～から借りる」という訳だが前置詞が à となる点に注意.

559 □ **toucher à *qch***

(1) ～に触る　(2) ～に手をつける　(3) ～に近づく

☑ **Le voyage touchait à sa fin.**

旅は終わりに近づいていた. ⇨ この toucher は自動詞.

560 □ **dormir à poings fermés**　ぐっすり眠る

☑ **Le bébé dormait à poings fermés.**

赤ん坊はぐっすりと眠っていた.

561 □ **sauter sur *qn* / *qch***　～に(向かって)飛びつく, 飛びかかる

＝se précipiter sur *qch*

562 □ **vouloir bien＋*inf.***　～することに同意する, 進んで～する

☑ **Je vous prie de bien vouloir m'excuser.**

どうぞお許しください.

身体を使った熟語の例

563 □ **mettre [remettre] la main sur *qn / qch***
(1) ～を見つける＝trouver，手に入れる　(2) ～を逮捕する

☑ **Je n'arrive pas à mettre la main sur ce dictionnaire.**
あの辞書がどうしても見つからない.

564 □ **prendre *qn / qch* en main**　～を引き受ける，～の責任を負う

☑ **Il a pris en main la gestion d'une compagnie aérienne.**
彼は航空会社の経営を引き受けた.

cf. en main(s) propre(s)「直接本人の手に」
⇨ remettre une lettre en mains propres「手紙を直接本人に手渡す」

565 □ **donner la main à *qn***
(1) 握手する＝serrer la main à *qn*　(2) ～に手を貸す，協力する

566 □ **ne pas voir plus loin que le bout de son nez**
目先のことしか考えない，先見の明がない

⇨ bout de son nez, bout du nez「鼻先，目先」

567 □ **avoir le nez sur *qch***
(1) ～に没頭する　(2)（探し物等が）目の前にある

☑ **Il a toujours le nez sur son travail.**
彼はいつも仕事にかかりっきりだ.

568 □ **couper bras et jambes à *qn***
落胆させる，茫然自失させる

☑ **Cette nouvelle nous a coupé bras et jambes.**
その知らせを聞いて私たちは落胆した.

569 □ **se croiser les bras**＝rester [demeurer] les bras croisés
腕組みをする，腕をこまねいてなにもしない

570 □ **perdre la tête**　気が狂う，キレる，ぼける

cf. avoir (toute) sa tête「(老人などが) 頭はしっかりしている」

571 □ **tenir tête à *qn***　～に反抗する，楯つく ⇨ 537

＝s'opposer à *qn*, résister à *qn* / *qch*, se révolter contre *qn* / *qch*

572 □ **faire les gros yeux (à *qn*)**　～に目をむく，にらみつける

573 □ **sauter aux yeux**

(⇨ 目に飛びこんでくる) 明白である，一目瞭然である

▨ **Cela saute aux yeux.**

それは一目瞭然だ.

574 □ **ne pas (pouvoir) fermer l'œil**

一睡もできない，まんじりともしない

cf. fermer les yeux sur *qch*「～に目をつぶる，黙認する」

575 □ **faire des pieds et des mains**

あらゆる手をつくす，懸命に努力する

576 □ **mettre [remettre] les pieds＋場所**　～に足を踏み入れる

cf. mettre les pieds dans le plat「強引に事にあたる；へまをやる」

577 □ **hausser [lever] les épaules**

(軽蔑・無関心・あきらめ等の表現) 肩をすくめる

578 □ **compter sur ses doigts**　指折り数える (計算する)

cf. lever le doigt「〔発言を求めるしぐさ〕(人さし)指を上げる」

mettre le doigt sur la bouche「〔静粛を求めて〕口に指をあてる」

579 □ **montrer *qn* / *qch* du doigt**　～を指さす，公然と非難する

cf. toucher *qch* du doigt「～をはっきり示す」

580 □ **avoir (toujours) *qch* à la bouche**　口を開けば～の話だ

□ **Il a l'injure à la bouche.**

彼は口を開けば悪態ばかりだ．

cf. ouvrir la bouche「口を開く，話しだす」

cf. avoir l'eau à la bouche「欲しくてたまらない，(おいしそうで)よだれが出る」

581 □ **avoir la dent dure**　歯に衣を着せない，辛辣である

cf. avoir les dents longues「名誉心（金銭欲）が強い」

cf. avoir la dent「腹ぺこである」

cf. à belles dents「旺盛な食欲で，思いっきり」

Il a dévoré à belles dents.「彼はがつがつ食べた」

代名動詞の例

582 □ **s'efforcer de+*inf.***　～しようと努める，努力する

□ **Elle s'efforce de plaire à tout le monde.**

彼女はみんなに気に入られようと努めている．⇨ 270

＝faire des efforts pour+*inf.*

583 □ **s'étendre sur [à, jusqu'à] *qch***

(1) ～に横たわる　(2) ～に〔まで〕広がる

□ **Ma mère s'est étendue sur le canapé.**

母はソファーに横になった．

□ **Votre influence s'étend sur tout le groupe.**

あなたの影響力はグループ全体に及んでいる．

584 □ **s'entendre bien [mal] (avec *qn*)**　(人と) 仲がよい〔悪い〕⇨ 342

＝être en bons [mauvais] termes (avec *qn*)

＝avoir de bons [mauvais] rapports (avec *qn*)

cf. se mettre bien [mal] avec *qn*「人と仲良くなる〔仲違いする〕」

585 □ **se consacrer à *qch* / *qn***
〜に没頭する，献身する，身を捧げる

☑ **Il se consacrait entièrement à ce travail.**
彼はその仕事にすっかり没頭していた.
=s'appliquer à *qch*, s'adonner à *qch*

586 □ **s'absorber dans *qch*** **〜に没頭する**

☑ **Il s'absorbe dans ses recherches.**
彼は研究に没頭している. =se livrer à *qch*, se consacrer à *qch*

587 □ **s'opposer à *qn* / *qch*** **〜に反対する**

☑ **Cet enfant s'oppose sans cesse à ses parents.**
その子はたえず両親に逆らっている. =tenir tête à *qn* ⇨ 537
cf. faire opposition à *qch*「〜に反対する」

588 □ **se tuer à gagner sa vie [son pain]** **生活に追われる**
cf. se tuer à+*inf.*「〜するのにさんざん苦労する，うんざりする」
Je me tue à te le répéter.「君にはそのことを口を酸っぱくして言っている」
cf. gagner sa vie「生活費をかせぐ，生計をたてる」⇨ 027

589 □ **se rendre à *qn* / *qch*** **〜に屈伏する，降伏する**

☑ **Il s'est rendu à la police.**
彼は自首した.
cf. se soumettre à *qn* / *qch*「〜に従う」=obéir à *qn* / *qch*

590 □ **se fier à *qn* / *qch*** **〜を信用する，頼りにする**

☑ **Ne vous fiez pas à elle.**
彼女は当てにならない.
=avoir confiance en *qn*, faire confiance à *qn*

591 □ **ne pas s'en faire** **心配しない，気がねしない**

☑ **Ne t'en fais pas, tu auras sûrement des nouvelles bientôt.**
心配するなよ，きっとすぐに連絡があるから.

592 □ **s'habituer à *qch* [à+*inf.*]**　**～に慣れる，～を習慣とする**

⧄ **Vous vous êtes habitué(e)(s) à la vie française ?**

フランスの生活に慣れましたか.

cf. s'accoutumer à *qch* [à+*inf.*]「～に慣れる，習慣がつく」

593 □ **se plaindre de *qch* [de+*inf.*] / que+〔接続法〕**

～について不満（不平，文句）を言う

⧄ **De quoi te plains-tu ?**

なにが不満なのですか.

cf. se plaindre (de *qch*)「(～の)苦痛を訴える」

594 □ **se tirer de *qch***　**～を切り抜ける**

⇨ se tirer [se sortir] d'un mauvais pas「難局を切り抜ける」

595 □ **se contenter de *qch***　**～で我慢する，～で満足する**

⧄ **Contentez-vous de ce que vous avez !**

あるだけのもので我慢なさい.

596 □ **se taire sur *qch***　**～について口をつぐむ**

cf. faire taire *qn* / *qch*「(人を) 黙らせる，感情を抑える」

597 □ **se jouer de *qn***　**人を手玉に取る，あざむく**

cf. se jouer de *qch*「～を物ともしない，無視する」

598 □ **se mettre au travail**　**仕事にとりかかる**

＝mettre la main à la pâte
＝se mettre à l'œuvre

599 □ **s'en remettre à *qn* / *qch***　**～に任せる，ゆだねる**

⧄ **Je m'en remets à son jugement.**

あなたの判断にお任せします.

＝s'en rapporter à *qn*, se reposer sur *qn*, compter sur *qn*

600 □ **se ranger du côté de *qn***　**人に味方する，～の側につく**

＝prendre parti pour *qn*

仏検3級準備レベル
基本熟語・文法等チェック

〈計75題〉

①〜⑧ の問題　計75題をチェックした後で3級・2級レベルに
進まれることをお勧めします.

3級準備レベルの熟語・成句チェック ①

練習問題 下記の（　　）内に入る適当な前置詞を下欄から選びましょう.

01 左に曲がりましょう.
Tournons (　　　) gauche.

02 私は車の運転を習っています.
J'apprends (　　　) conduire.

03 あなたは京都の出身ですか.
Vous venez (　　　) Kyoto?

04 弟は私より３歳年下です.
Mon frère est plus jeune que moi (　　　) trois ans.

05 彼女は夏に日本に来ます.
Elle vient au Japon (　　　) été.

06 私たちは間もなくヴァカンスに出かけます.
Nous allons partir (　　　) vacances.

07 彼女は皆に親切です.
Elle est gentille (　　　) tout le monde.

08 父親の寝室は中庭に面しています.
La chambre de mon père donne (　　　) la cour.

09 私は雨のなかを歩きました.
J'ai marché (　　　) la pluie.

10 あなたは歯医者に行くべきです.
Vous devez aller (　　　) le dentiste.

à　avec　chez　de　en　sous　sur

■ フランス語の基礎となる前置詞の理解度チェック［1］

01 行く先，方向を示す前置詞.「右に曲がる」tourner (　　) droite もちろん同じ前置詞が使われます.

02 「～すること」(不定法 *inf.*) を導く.「～し始める」commencer (　　) *inf.* も同じ考え方です.

03 venir (　　)＋場所で「～から来る (出身である)」の意味. 出発点・起点を表す前置詞が入ります.

04 「数量・程度・差」を表す前置詞は03と同じ前置詞です.「人口が2割増した」La population a augmenté (　　) vingt pour cent. も同じ語.

05 「春に」は au printemps. しかし，母音で始まる残りの3つの季節には別の前置詞を使います.

06 「状態」を表す語を入れます. たとえば「健康である」être (　　) bonne santé,「怒っている」être (　　) colère にも同じ前置詞が使われます.

07 「～と一緒に」の意味なら全員ご存じのはずの前置詞. 同じ語で対人関係を示して「～に対して」の意味で使われます.

08 「～の上」の意味なら全員が知っている前置詞. donner と一緒に用いて「～に面して」という位置関係を表す熟語になります.

09 「～のなか」＝dans とはなりません.「雨のなかを歩く」は「～の下」と考えて答えを導きます.

10 フランス語特有の前置詞です.「～の家に」「～の店〔会社〕に」の意味を持つ語が答えです.

解答　01 **à**　02 **à**　03 **de**　04 **de**　05 **en**　06 **en**
07 **avec**　08 **sur**　09 **sous**　10 **chez**

3級準備レベルの熟語・成句チェック ②

練習問題　下記の（　　）内に入る適当な前置詞を下欄から選びましょう.

11　私はこの手紙を鉛筆で書いています.
J'écris cette lettre (　　　) un crayon.

12　母が私に金の時計（金製の時計）をプレゼントしてくれました.
Ma mère m'a offert une montre (　　　) or.

13　札幌行きの飛行機は何時にありますか.
A quelle heure y a-t-il un avion (　　　) Sapporo?

14　彼は15時から16時の間には成田に着くでしょう.
Il arrivera à Narita (　　　) quinze et seize heures.

15　彼女たちは10時ごろパリに着きます.
Elles arrivent à Paris (　　　) dix heures.

16　いつからここにおいでですか.
(　　　) quand êtes-vous ici?

17　彼は7時前に出発するだろう.
Il partira (　　　) sept heures.

18　この列車はディジョンまで停車しません.
Ce train ne s'arrête pas (　　　) Dijon.

19　妹は木陰に（木の後ろに）隠れました.
Ma sœur s'est cachée (　　　) un arbre.

avant　avec　depuis　derrière　en
entre　jusqu'à　pour　vers

■ フランス語の基礎となる前置詞の理解度チェック［2］

11 「手段・道具」を表す前置詞を選びます．たとえば，「フォークで食べる」manger (　　) une fourchette も同じ語が入ります．

12 「材料・材質・組成」「～製の，～でできた，～からなる」を表す前置詞が入ります．

13 「～行きの，～に向かって」という「目的地」を示す前置詞．「パリに向けて出発する」partir (　　) Paris でも同じ前置詞が使われます．

14 位置・時間に使われ「～の間」の意味．「私はポールとピエールの間に座る」なら Je suis assis(e) (　　) Paul et Pierre. となります．

15 「何時に」なら前置詞は à です．でも，ここは「(何時)頃」とおよその時間を表す語が解答．およその場所「～のあたり」も同じ前置詞．

16 「いつから，～前から」と時間的な継続をたずねています．場所の継続「～からずっと」という意味も表す前置詞を入れます．

17 「(時間) の前に」を表す語を入れます．なお，「(場所) の前に」の意味では一般には devant を使います．

18 「～まで」(時間・空間) の意味を表す前置詞を入れます．「～までに (は)」と表現する場合には**17**の前置詞を使います．

19 devant の反対語を入れます．場所・順位に使って「～の後ろに (を)」の意味です．

解答　11 **avec**　12 **en**　13 **pour**　14 **entre**　15 **vers**
16 **Depuis**　17 **avant**　18 **jusqu'à**　19 **derrière**

3級準備レベルの熟語・成句チェック ③

練習問題　下記の（　　）内に入る適当な前置詞を下欄から選びましょう.

20　私は１週間後にパリを発つでしょう.　＊huit jours＝une semaine
Je quitterai Paris (　　　) huit jours.

21　ヴァカンスのあいだ君はなにをしますか.
Qu'est-ce que tu fais (　　　) les vacances?

22　母はいつも夜12時に寝ます.
Ma mère se couche toujours (　　　) minuit.

23　マリーは１日に500ユーロ稼ぎます.
Marie gagne 500 euros (　　　) jour.

24　夜11時までには帰らなくてはなりません.
Vous devez rentrer (　　　) onze heures du soir.

25　子供の前でその話はやめよう.
N'en parlons pas (　　　) les enfants.

26　叔母は銀行で働いています.
Ma tante travaille (　　　) une banque.

27　犬が窓から入ってきた.
Le chien est entré (　　　) la fenêtre.

28　週末には私は祖父母の家に行きます.
Le week-end, je vais (　　　) mes grands-parents.

à	avant	chez	dans	devant	par	pendant

■ フランス語の基礎となる前置詞の理解度チェック［3］ 時・場所

20 「時間」を表す前置詞.「午前中に」(　　) la matinée,「私の若いころ」(　　) ma jeunesse など.「〜の間に」の意味もあります.

21 「期間」「〜の間に」の意味を持つ基本的前置詞. 英語の during とほぼ同義です.

22 「時刻・時間・時点」の「〜に」を表す大切な前置詞.「クリスマスに」(　　) Noël の場合もこの前置詞で表現します.

23 「配分」「〜につき, 毎に, 〜単位で」の意味で数表現と用いられます.「1 月に 2 回」deux fois (　　) mois,「ダース単位で」(　　) douzaine 等が重要.

24 「(時間) まで」なら jusqu'à を使いますが,「(時間) までに (は)」の意味ではこの前置詞を入れます.

25 「〜の面前で」= en présence de *qn* を意味する前置詞を入れます.

26 「銀行で」を「銀行のなかで (に)」と言い換えれば答えは分かると思います. ちなみに「ひじ掛け椅子に座る」s'asseoir (　　) un fauteuil も同じ前置詞. ただし「浅く座る」の意味で sur le fauteuil と表現する場合もある.

27 23 と同じ前置詞. ここでは「場所」の通過点「〜を通って, 〜から」の意味で用いられるケースです.

28 フランス語特有の「〜の家に」を表す前置詞. 10 では「歯医者に行く」の表現でこの前置詞が出てきました.

解答 20 **dans** 21 **pendant** 22 **à** 23 **par** 24 **avant**
25 **devant** 26 **dans** 27 **par** 28 **chez**

3級準備レベルの熟語・成句チェック ④

練習問題　下記の（　　）内に入る適当な前置詞を下欄から選びましょう.

29　私は今日の午後しなくてはならないことがたくさんあります.
J'ai beaucoup de choses (　　　) faire cet après-midi.

30　シャワー付きの部屋はありますか.
Vous avez une chambre (　　　) douche?

31　私は地下鉄でパリに行きます.
Je vais à Paris (　　　) métro.

32　父は財布を持たずに出かけてしまった.
Mon père est parti (　　　) son portefeuille.

33　あなたたちはなんの話をしていますか.
(　　　) quoi parlez-vous?

34　毎週日曜日にはテニスをします.
Nous jouons (　　　) tennis chaque dimanche.

35　いつになったら勉強しなくてはならないって気づくの.
Quand finiras-tu (　　　) comprendre qu'il faut travailler?

36　あなたを当てにしています.
Je compte (　　　) vous.

37　私たちは市長に招待されています.
Nous sommes invités (　　　) le maire.

à	au	avec	de	en	par	sans	sur

■ フランス語の基礎となる前置詞の理解度チェック［4］

29 「名詞＋(　　)＋*inf.*」の形で「必要・義務」を表して,「〜すべき（名詞）」の意味になります.

30 「所有・所属」, つまり「〜を持っている, 〜付きの」という意味になる前置詞.「同伴」「〜と一緒に」と同じ前置詞を入れます.

31 地下鉄, 列車, 車, 飛行機等, 中に乗り込む「乗物で」（手段）の意味で使われる前置詞.

32 「〜なしに, 〜のない」という意味を表す前置詞を入れます. 不定詞を伴って「〜することなしに（で）」の意味でも使われる語です.

33 parler à *qn*「〜に話す」, parler avec *qn*「〜と話す」では,「〜について話す」の意味で使われる前置詞は？

34 jouer de＋楽器：jouer du piano, jouer de la guitare で「楽器を演奏する」. 同じ jouer を使って「スポーツをする」という場合の前置詞は何？

35 finir de＋*inf.* で「〜し終える」の意味になりますが,「ついに（結局）〜する」の場合には？

36 compter の自動詞で「〜を当てにする, 期待する」の意味にするときに使われる前置詞を答えます.

37 これは受動態の文章.「être の活用形＋過去分詞」で「〜される, られる」の意味でした. de を使って動作主を表すケースは継続的なニュアンスを持つ動詞（aimer, respecter 等）の時ですが, この場合には？

解答　29 **à**　30 **avec**　31 **en**　32 **sans**　33 **De**
34 **au**　35 **par**　36 **sur**　37 **par**

3級準備レベルの熟語・成句チェック ⑤

練習問題　下記の（　　）内に適当なフランス語を書き入れましょう.

38　今日は寒い.
Il fait (　　　) aujourd'hui.

39　暑い.
J'ai (　　　).

40　今日はどんな天気ですか.
Quel (　　　) fait-il aujourd'hui?

41　何時ですか.
Quelle (　　　) est-il? = Vous avez l'(　　　)?

42　彼女は疲れているように見えます.
Elle a l'(　　　) fatigué(e).

43　今日は1月17日です.
Nous sommes aujourd'hui (　　　) 17 janvier.

44　私はアメリカ合衆国に行きたい.
Je veux aller (　　　) Etats-Unis.

45　何歳ですか.
Quel âge (　　　)-vous?

46　彼女はきれいな目をしています.
Elle a (　　　) beaux yeux.

47　教室には誰もいません.
Il n'y a (　　　) dans la salle de classe.

■ フランス語の基本的な日常表現のチェック［1］

38 天候は il fait... という非人称構文で展開します. Il fait beau［mauvais］. なら「天気が良い〔悪い〕」でした. では「寒い」は?

39 「avoir＋無冠詞名詞」でさまざまな成句を作ります.
avoir raison ⇔ tort「正しい・間違っている」, avoir faim, soif, sommeil「空腹である・喉が渇いた・眠い」*etc.* では「暑い」は?

40 38 の質問に当たる表現.「天候・天気」の他に,「時間・時代・時制」の意味で使われる重要語が入ります.

41 時の単位としての「時間」という語が, 共通に入ります. ちなみに, 時間を答える場合には Il est... と非人称構文での展開でした.

42 「〜のように見える(らしい)」«avoir l'(　　)＋形容詞» の成句を完成させます. 通常, 形容詞は主語に性数一致します.

43 日付は日本語とは逆の順番「日＋月＋年」の順番で表記します. その際に, 冠詞が必要です.

44 国名と冠詞の関係が問われています.「日本に」なら au Japon,「フランスに」なら en France と国の男女の別によって冠詞が変わりました(男の国でも母音で始まる国には en を使います). では「アメリカに」のときは?

45 英語の How old are you? につられて, «êtes» と解答した方はいませんよね?!

46 «des＋複数名詞＋形容詞» なら問題ないのですが, 形容詞と複数名詞の位置が変わる語の場合に冠詞は?

47 否定表現 : ne ... jamais「けっして〜ない」, ne... que「〜でしかない (限定)」, ne ... rien「何も〜ない」. では「誰も〜ない」は?

解答 38 **froid** 39 **chaud** 40 **temps** 41 **heure** 42 **air**
43 **le** 44 **aux** 45 **avez** 46 **de** 47 **personne**

3級準備レベルの熟語・成句チェック ⑥

練習問題　下記の（　　）内に適当なフランス語を書き入れましょう.

48 〔電話で〕どちら様ですか.
Qui est à l'(　　　)? = C'est de la (　　　) de qui?
＊左は自分にかかった電話で，右は電話を取り次ぐ際に.

49 〔電話で〕切らずにお待ちください.
Ne (　　　) pas!

50 〔電話で〕話し中です.
La ligne est (　　　).

51 飲物は何になさいますか.
Qu'est-ce que vous prenez (　　　) boisson?

52 メニューをお願いします.
La (　　　), s'il vous plaît.

53 勘定をお願いします.
L'(　　　), s'il vous plaît.

54 いくらですか.
C'est (　　　)?

55 ご職業は.
Qu'est-ce que vous (　　　)?

56 2時15分です.
Il est deux heures et (　　　).

57 あなたの生年月日はいつですか.
Quelle est votre (　　　) de naissance?

■ フランス語の基本的な日常表現のチェック［2］

48　最初の空所には「電話機」の意味の語を，2番目の空所には熟語で de la (　　) de *qn* の形になる語を入れます．

49　48と同じく電話の決まり文句を入れます．「ちょっとお待ちください」Un instant, s'il vous plaît. といった対応もできます．

50　場所が「ふさがった・使用中の」という意味を表す形容詞が入ります．C'est (　　). という表現（形容詞は男性形単数）でも同じ意味です．

51　「〜として」という意味になる接続詞を入れます．後ろには無冠詞になる名詞が来るのが通例です．

52　慌てて，menu と入れないように．le menu は「定食，コース」のこと，では「メニュー」の意味の単語は？

53　ホテルで支払いをするときには la note を用います．ここは母音で始まる語．カフェ・レストランでの支払いをするときに使う「勘定」です．

54　単独でも値段が聞ける決まり文句です．同じ副詞が「de＋無冠詞名詞」を伴うと「いくつの・どれだけの」といった意味で使われますね．

55　同じ表現でたとえば demain をつけると「明日，なにをしますか」と相手の行動を尋ねる文にもなります．「(職業・学業を) する」という動詞が入ります．

56　時間をあらわす基本表現．¼の意味を持つ語を入れます．「2時半です」のときには Il est deux heures et demie. と言いますね．

57　「日付，月日」の意味を持つ名詞を入れます．同じ語を使って，Quelle (　　) sommes-nous? と聞けば「今日は何日ですか」の意味になります．なお，Quel jour sommes-nous? は曜日を尋ねる表現です．混同しないように．

解答　48 **appareil / part**　49 **quittez**　50 **occupée**
51 **comme**　52 **carte**　53 **addition**　54 **combien**
55 **faites**　56 **quart**　57 **date**

3級準備レベルの熟語・成句チェック ⑦

練習問題　下記の（　　）内に入る適当なフランス語を下の語群から選び，必要な形で書きましょう．ただし，同じ語は１度しか用いてはいけません．

58　私はブラックコーヒーよりカフェオレが好きです．
Je (　　　) le café au lait au café noir.

59　彼女たちは11時に出発しました．
Elles (　　　) parties à onze heures.

60　雪が降りそうです．
Il (　　　) neiger.

61　父は仕事を終えたところです．
Mon père (　　　) de finir son travail.

62　彼はテレビを見ながら朝食をとります．
Il prend le petit déjeuner en (　　　) la télévision.

63　彼は美しい褐色の髪をしています．
Il (　　　) de beaux cheveux bruns.

64　妹は毎朝牛乳を飲みます．
Ma sœur (　　　) du lait chaque matin.

65　私はこのネクタイが気に入っています．
Cette cravate me (　　　).

66　駅まで歩くと10分かかります．
Il (　　　) dix minutes pour aller à pied à la gare.

〔語群〕

aller　avoir　boire　être　falloir
plaire　préférer　regarder　venir

■ 基本動詞の活用ならびに初級文法のチェック

58 “A より B を好む”は動詞 préférer B à A の形で表現します．ただし，活用した際のアクサンの向きに注意．

59 複合過去を作る場合，他動詞や大半の自動詞については «avoir＋過去分詞» の形でしたが，移動のニュアンス（往来発着）を表す自動詞の場合には «être＋過去分詞（主語の性数に一致）» でしたね．

60 近接未来の表現です．«aller＋*inf.*» の形で「これから～する（するところである）」の意味になりました．

61 近接過去「～したところ（ばかり）である」の表現です．動詞は venir を使いますが，«venir＋de＋*inf.*» の形で前置詞が必要です．

62 «en＋現在分詞» でジェロンディフと呼ばれる形になります．主節と同時性「～しながら」のニュアンスをここでは表しています．「テレビを見る」に使われる動詞は問題ありませんね．

63 直訳すると「彼は美しい褐色の髪を持っている」の意味になりますので，動詞は？

64 「飲む」には prendre も使われますが，ここでは選択肢のなかにありませんので，boire を活用した形が答えです．

65 「人の気に入る」という意味を持つ動詞を入れます．この語は「どうぞ，お願いします」の意味で使われる動詞でもあります．

66 「～するのに時間がかかる」という言い回しを falloir で表すことができます．もちろん，非人称の構文で用います．

解答 58 **préfère** 59 **sont** 60 **va** 61 **vient**
62 **regardant** 63 **a** 64 **boit** 65 **plaît** 66 **faut**

3級準備レベルの文法・語法チェック ⑧

練習問題 下記の（　　）内に入る適当な語を下記の語群 1~12のなかから1つ選びましょう．ただし，同じ語は1度しか用いてはいけません．

67 Il a quatre frères?
— Oui, il (　　) a quatre.

68 Paul est allé au Canada avec Pierre et Marie?
— Oui, il y est allé avec (　　).

69 Je ne bois pas (　　) vin.
— Moi non plus.

70 Vous avez la clef?
— Zut, je (　　) ai oubliée!

71 Quelle date sommes-nous?
— Nous sommes aujourd'hui (　　) 5 juin.

72 Voulez-vous du poisson ou (　　) viande?
— Du poisson, s'il vous plaît.

73 Est-ce que tu as vu ces photos?
— Non, tu peux me (　　) montrer?

74 Tu es né à Paris?
— Oui, j'(　　) suis né.

75 Tu préfères la bière (　　) vin?
— Oui, c'est ça.

〔語群〕

1 au	**2** de	**3** du	**4** de la	**5** elles	**6** en
7 eux	**8** l'	**9** la	**10** le	**11** les	**12** y

■ 定冠詞，部分冠詞，補語人称代名詞，強勢形，中性代名詞のチェック

67 «Oui, il a quatre frères.» の“数詞＋名詞”の名詞の代わりをする中性代名詞が答えになります．

68 avec Pierre et Marie の Pierre et Marie を受ける代名詞を入れます．男性（ピエール）と女性（マリー）ですから，ils「彼ら」に対する強勢形が入ることになります．

69 le vin となると「ワインというもの（総称）」ですが，総称を「飲む」ことはできません．ここは部分冠詞を使った表現になります．ただし，直接目的補語の前に付く部分冠詞が否定文で用いられているケースですから注意してください．

70 la clef を受ける代名詞が答えになります．そして「それを忘れた」と複合過去とともに用いられています．なお，過去分詞が代名詞の性数に一致して oubliée と書かれる点にも注意してください．

71 日付の前には定冠詞を入れます．

72 部分冠詞を入れます．viande は女性名詞です．

73 「写真（複数）」を受ける代名詞が入って，「僕にそれらを見せてくれますか」と依頼している表現になります．

74 「はい，そこで（パリで）生まれました」と à Paris を受ける代名詞が入ります．

75 préférer A à B の表現．à＋le vin となるわけですから，冠詞の縮約が起こります．

解答 67 **6**　68 **7**　69 **2**　70 **8**　71 **10**
72 **4**　73 **11**　74 **12**　75 **1**

練習問題
仏検3級対応

〈計135題〉

重要な用法・表現については重複をいとわず繰り返し掲載しています.
3級準備レベルの復習問題も随時とり混ぜています.

練習問題 1

（　）内に適語を入れなさい.

□ 001　彼は夏に日本に来ます.
Il vient au Japon (　　) (　　).

□ 002　マリーは7時前に出発するだろう.
Marie partira (　　) sept heures.

□ 003　私は1週間後にパリを発つだろう.
Je quitterai Paris (　　) huit jours.
＊quitter＋場所「～を離れる」　*cf.* partir＋〔前〕＋場所

□ 004　母はいつも夜12時に寝ます.
Ma mère se couche toujours (　　) (　　).
＊se coucher「寝る」⇔「起きる」se lever,「目を覚ます」se réveiller

□ 005　ポールは1日に500ユーロ稼ぎます.
Paul gagne 500 euros (　　) (　　).

□ 006　休暇中に何をしますか.
Que ferez-vous (　　) vos vacances?

□ 007　ナポレオンは1769年にアジャクシオで生まれた.
Napoléon est né à Ajaccio (　　) 1769.
＊être né(e)(s)「生まれた」⇔「死んだ」être mort(e)(s)

□ 008　あの車は時速100キロで走っている.
Cette voiture roule à 100 kilomètres (　　) (　　).
＊ rouler「(車・列車が）走る」=faire

□ 009　彼は定刻に着いた（間に合った).
Il est arrivé (　　) temps.

■ 解答・解説：時間を表す前置詞・熟語 ①

＊各解答・各解説の最後にある数字は「重要表現・熟語」欄の見出し語の番号.

☐ **001** 「春に」は au printemps だが,「夏に，秋に，冬に」は（　　）été,（　　）automne,（　　）hiver となる. **020**

☐ **002** 時間の「前に」を表す前置詞を入れる．時間の「後に」には après. **058**

☐ **003** 「(これから) ～後に」の意味.「午前中に」（　　）la matinée,「私の若いころ」（　　）ma jeunesse といった「期間」も同じ前置詞で表す. **029**

☐ **004** 「○時に」(時刻・時点) を表す前置詞．なお，例文の和訳が「○時頃」となっていれば vers,「○時前」なら avant. **002**

☐ **005** 「～につき・毎に・～単位で」の意味を持つ“前置詞＋jour”の形.「1月に2回」deux fois（　　）mois,「ダース単位で」（　　）douzaine 等の表現が重要. **034**

☐ **006** 「～の間に」を意味する前置詞を入れる. **043**

☐ **007** 「○年に・○月に」と表記する前置詞．ほかに（　　）semaine「平日に」,（　　）même temps「同時に」,（　　）pleine nuit「真夜中に」も覚えたい. **020 433**

☐ **008** 「1時間につき＝par heure」の意味を表わす語を入れる.「定刻に」の意味でも用いる．ほかに，mettre sa montre à l'heure「時計の時刻を合わせる」, être payé à l'heure「時給で給与をもらう」の用法もチェックしたい. **004 088**

☐ **009** 「時間通りに，遅れずに」の意味になる熟語. **091**

解答 001 **en été**　002 **avant**　003 **dans**　004 **à minuit**
005 **par jour**　006 **pendant**　007 **en**　008 **à l'heure**
009 **à**

練習問題 2　(　　) 内に適語を入れなさい.

☐ 010　時がたつにつれて，この町はすっかり変わった.
(　　　) le temps, cette ville a bien changé.

☐ 011　私は今暇がない.
Je n'ai pas le temps (　　　) ce moment.
＊Je ne suis pas libre maintenant. と書き換えられる.

☐ 012　長い間，彼女は私に手紙をくれなかった.
(　　　) (　　　), elle ne m'a pas écrit.

☐ 013　彼は昼頃成田に着くだろう.
Il arrivera à Narita (　　　) midi.

☐ 014　1月に雪がたくさん降る.
Il neige beaucoup (　　　) (　　　) (　　　) janvier.

☐ 015　父は1時間後にその仕事を終えているでしょう.
Mon père aura fini ce travail (　　　) une heure.
＊前未来形の例文.

☐ 016　夜11時以後は外出しないように.
Ne sortez pas (　　　) onze heures du soir.
＊午前11時なら onze heures du matin となる.

☐ 017　成田に着くとすぐに，彼は私に電話をくれた.
(　　　) son arrivée à Narita, il m'a téléphoné.
＊arrivée〔女〕「到着」< arriver〔自〕「到着する」

☐ 018　父は朝から晩まで働いています.
Mon père travaille depuis le matin (　　　) (　　　).

■ 解答・解説：時間を表す前置詞・熟語 ②

☐ 010 同時性・随伴「～につれて」を意味する語. se lever (　　) le jour「日の出とともに起床する」, s'embellir (　　) l'âge「年をとるにつれて美しくなる」も同じ用法. 053 093

☐ 011 (　　) ce moment で「現在, 目下」の意味. moment を用いる表現として à ce moment-là「その時」, au moment de＋名詞［＋*inf.*］「～の時に, まさに～しようとしている」等を記憶しておきたい. 099

☐ 012 「長い間」を意味する表現. 043

☐ 013 「～の頃に」の意味を表す前置詞. 他に（方向）「～の方に」,（場所）「～の近くで」の意味もある. 080

☐ 014 「○月に」は «en＋月» でも表すことができる. なお「○月○日」には定冠詞 le がつく. 020

☐ 015 「これから～後に（現在を起点とした未来）」の表現. 過去・未来を起点とする場合には après. Elle est revenue deux jours après.「彼女は2日後に戻ってきた」029

☐ 016 「～の後に, 後で」（時間）を表す. avant の対義語. après le petit déjeuner「朝食後に」等. なお, 順序・場所「～の次に, ～の後ろに」の意味でも用いる. 063

☐ 017 「～するとすぐに」の意味を表す. 節（直説法）を用いて, Dès qu'il est arrivé à Narita, il m'a téléphoné. と書き換えることもできる. 082

☐ 018 「朝から晩まで」＝du matin au soir. 077

解答 010 **Avec** 011 **en** 012 **Pendant longtemps**
013 **vers** 014 **au mois de** 015 **dans** 016 **après**
017 **Dès** 018 **jusqu'au soir**

練習問題 3

(　　) 内に適語を入れなさい.

☐ 019　彼は来月のはじめにイギリスに出発する.
Il part pour l'Angleterre (　　　) début du mois prochain.
＊le mois prochain「来月」⇔「先月」le mois dernier

☐ 020　今年は令和何年ですか？
(　　　) quelle année de Reiwa sommes-nous?
＊«Nous sommes＋時間的要素（日付・曜日・季節等）» の表現に注意.

☐ 021　月曜日にはこの仕事は終えます.
Je finis ce travail (　　　) (　　　).

☐ 022　彼女は宿題を 1 時間でやった.
Elle a fait ses devoirs (　　　) une heure.

☐ 023　外出する前に，私はクレールに電話した.
(　　　) (　　　) sortir, j'ai donné un coup de téléphone à Claire.
cf. donner un coup de téléphone à *qn*「(人に) 電話をかける」

☐ 024　この店は午後 3 時から深夜まで開いています.
Cette boutique est ouverte (　　　) 15 heures (　　　) minuit.
＊boutique は magasin より小規模な小売店を指す.

☐ 025　私たちは食事の後にコーヒーを飲んだ.
Nous avons bu du café (　　　) (　　　) fin du repas.

☐ 026　駅はここから歩いて10分のところです.
La gare est (　　　) dix minutes de marche d'ici.
＊gare は「鉄道の駅」. station「地下鉄の駅」, arrêt「バス停留所」

☐ 027　東京に 1 か月前から雨が降っていなかった.
A Tokyo, il n'avait pas plu (　　　) un mois.

■ 解答・解説：時間を表す前置詞・熟語 ③

- ☐ 019 「～のはじめに」(　　) début de（前置詞句）.「はじめから終わりまで」は «du début (jusqu')à la fin» という. 499

- ☐ 020 「～に」（時間）を表す.「夏に」,「4月に」等と同じ用法. 020

- ☐ 021 予定のニュアンス「～に」を表す. たとえば, C'est pour quand?「それはいつの予定」の意味. 069

- ☐ 022 「～で, ～かかって」（所要時間）を表す. 訳文の「間」につられて pendant としないように注意. なお «dans＋時間» は「これから～後に」の意味になる. 020

- ☐ 023 前置詞句「～する前に」(　　)(　　)＋*inf.* の形. donner un coup de téléphone à *qn*「(人に) 電話をかける」は盲点となりやすい表現. 086

- ☐ 024 「AからBまで（へ)」（時間）を表す表現. たとえば「朝から晩まで」なら du matin au soir. となる. なお, この表現は「場所」にも使う. 002 011

- ☐ 025 「～の終わりに」を表わす表現. 単独で用いて「最後に, 結局は」, あるいは間投詞的に「もう, まったく」の意味でも使う. A la fin, nous nous sommes mis d'accord.「結局, 私たちは同意した」283 499

- ☐ 026 «à＋時間＋de marche (d'ici)» で,「(ここから) 歩いて～のところに」の意味. あわせて,「徒歩で」à pied にも注意したい. 123

- ☐ 027 過去を起点として「～以来, から, 前から」の意味を表す. 未来を起点とする場合には «à partir de» を使う. 076

解答 019 **au** 020 **En** 021 **pour lundi** 022 **en**
023 **Avant de** 024 **de / à** 025 **à la** 026 **à**
027 **depuis**

練習問題 4　(　　) 内に適語を入れなさい.

☐ 028　彼女は10年間パリに住んでいた.
Elle a habité (　　　) Paris pendant dix ans.

☐ 029　今晩は外食しましょう (町で食事をしましょう).
On va dîner (　　　) (　　　) ce soir.

☐ 030　ジャンは南フランス出身です.
Jean est (　　　) Midi.
＊midi は「正午」だが, Midi は「南フランス」le midi de la France.

☐ 031　道すがら, 私たちは自分たちの人生について語り合った.
(　　　) route, nous nous sommes raconté nos vies.

☐ 032　彼は私のいる前でそういった.
Il l'a dit (　　　) ma présence.

☐ 033　友達はパリ郊外に住んでいる.
Mon ami habite (　　　) la banlieue parisienne.

☐ 034　最初の通りを左に曲がってください.
Tournez dans la première rue (　　　) (　　　), s'il vous plaît.

☐ 035　くつろいで下さい.
Faites comme (　　　) vous.

☐ 036　レストランは駅の真向かいにあります.
Le restaurant est (　　　) (　　　) (　　　) la gare.

■ 解答・解説：場所を表す前置詞・熟語 ①

☐ 028 「都市に住む」は «habiter (　　)＋都市» と表現する．「場所・方向」を表す前置詞．なお，この文章は pendant dix ans と期間が明示されているので半過去形（未完了のニュアンス）では書かれない点に注意．**001**

☐ 029 「町で，外で（自宅ではなく）」を表す成句を入れる．«en＋無冠詞名詞» で場所を表す典型的な表現．**021 003**

☐ 030 場所を表す前置詞 de の用法．venir de ...「～から来る，～の出身である」．なお，南フランスは「日本」「カナダ」といった国名と同じ扱い．**010**

☐ 031 「途中で，道々」あるいは「旅行中に，進行中に」の意味を表す語．単独で「さあ出発だ」の表現もよく使われる．**148**

☐ 032 「（人）の面前で」の意味を表す前置詞句．**086**

☐ 033 「郊外に住む」は«habiter la banlieue / habiter en banlieue»と書くこともできる．**028 021**

☐ 034 「場所・方向」を示す前置詞を入れる．なお，曲がらずに「このまま真っ直ぐ行ってください」なら tout droit を使って，Continuez tout droit. という．tourner dans la première rue は prendre la première rue とほぼ同義だが，前者は自動詞であるため dans を要する．**001**

☐ 035 「自分の家にいるようになさって下さい」が直訳．会話の重要表現として，（電話で）「ブランさんのお宅ですか」Je suis bien chez M. Blanc? も覚えておきたい．**048**

☐ 036 「～の正面に，真向かいに」の意味を表す前置詞句．**086**

解答 028 **à**　029 **en ville**　030 **du**　031 **En**　032 **en**
033 **dans**　034 **à gauche**　035 **chez**　036 **en face de**

練習問題 5

(　　) 内に適語を入れなさい.

□ 037　物事の本質を見抜かなくてはならない.
On doit regarder (　　　) les apparences.

□ 038　空には雲ひとつない.
Il n'y a pas un nuage (　　　) le ciel.
*de nuage となっていない理由については次頁を参照.

□ 039　ひじ掛け椅子に座っているのがブラン氏です.
C'est Monsieur Blanc qui s'assied (　　　) le fauteuil.
*« c'est＋主語＋que ... » の強調構文.

□ 040　私はその絵を奥の壁に掛けた.
J'ai accroché ce tableau (　　　) le mur du fond.

□ 041　先生は本を小わきに抱えていた.
Le prof portait un livre (　　　) le bras.

□ 042　彼女は耳まで赤くなった.
Elle a rougi (　　　) oreilles.

□ 043　スイス経由でイタリアに行った.
On est allé en Italie (　　　) la Suisse.

□ 044　この近くに郵便局がありますか.
Y a-t-il un bureau de poste (　　　) d'ici?

□ 045　大阪発の列車は11時に駅に到着の予定だ.
Le train venant d'Osaka entrera (　　　) gare à onze heures.
*venant d'Osaka は現在分詞で le train を修飾している.

■ 解答・解説：場所を表す前置詞・熟語 ②

☐ 037 「外見の背後を見る ⇨ 本質を見抜く」と考える．なお，空間的な前後は devant ⇔ derrière，時間的な前後は avant ⇔ après で表す．**066**

☐ 038 「～のなかに，～に，～で」（場所）を表す前置詞．なお，例文が否定文でありながら «de nuage» とならずに «un nuage» のままなのは「雲ひとつない」と強意を表すため．**028**

☐ 039 「ひじ掛け椅子に座る」に用いる前置詞は？　ただし，前置詞は椅子の形状によって変わる．「椅子（背もたれ付きでひじ掛けがない）に座る」場合には «s'asseoir sur une chaise» と表現する．　*cf.* **028**, p.***149*** **26**

☐ 040 壁の「上に〔の〕」と考える．「壁に」という観点に立てば «accrocher ce tableau au mur» と表現することもできる．**037**

☐ 041 「小わきに」は「腕の下に」と考える．たとえば，sous la pluie「雨のなかを」と同じ用法．**044**

☐ 042 「～まで」（場所）を表す．耳が複数である点に注意．**077**

☐ 043 「～を通って，から」（通過点）を意味する．たとえば「窓から～を眺める」regarder *qch* (　　) la fenêtre 等も同じく通過する場所を示す前置詞が入る．**032**

☐ 044 「～の近くに」を意味する前置詞句を入れる．**086**

☐ 045 「（列車が）駅に入る」は entrer (　　) gare という．この前置詞は通常，無冠詞名詞の前で用いられる．「（人が）駅に入る」の意味なら entrer dans la gare となる．　*cf.* **021**

解答　037 **derrière**　038 **dans**　039 **dans**　040 **sur**
041 **sous**　042 **jusqu'aux**　043 **par**　044 **près**
045 **en**

練習問題 6

(　　) 内に適語を入れなさい.

☐ 046　彼女は脚をけがした.
Elle s'est blessée (　　　) la jambe.

☐ 047　その河が両国の国境をつくっている.
Ce fleuve forme une frontière (　　　) ces deux pays.
*une rivière よりも大きな「海に注ぐ河」が un fleuve.

☐ 048　私は街角でモーリスに出会った.
J'ai rencontré Maurice (　　　) (　　　) de la rue.

☐ 049　彼はポケットからハンカチを取り出した.
Il a retiré un mouchoir (　　　) sa poche.
*retirer〔他〕「取り出す」

☐ 050　太陽は西に沈む.
Le soleil se couche (　　　) (　　　).
*「太陽が昇る」には se lever を用いる.

☐ 051　父ははしごを壁に立てかけた.
Mon père a appliqué l'échelle (　　　) le mur.

☐ 052　彼女たちは川のほとりに住んでいる.
Elles habitent (　　　) (　　　) d'une rivière.

☐ 053　ジャンはホームで列車を待っていた.
Jean attendait le train (　　　) le quai.

☐ 054　彼はパリ第 7 大学の教授です.
Il est professeur (　　　) l'Université de Paris VII.

■ 解答・解説：場所を表す前置詞・熟語 ③

□ 046 se blesser (　　) la jambe「脚にけがをする」. 脚を直接目的補語として Elle s'est blessé la jambe. とも書ける. この前置詞は場所を表す用法. **001**

□ 047 「(2つのものの) 間に〔で〕〔の〕」を表す. **081**

□ 048 「街角で」は場所を表す前置詞 à をともなう前置詞句. **001** *cf.* **086**

□ 049 「～から」(起点・出所) を表す前置詞. sortir (　　) sa chambre「部屋から出る」, venir (　　) Paris「パリの出身である, パリから来る」等と同じ用法. **010**

□ 050 「西に」(方角) は？「北に」なら au nord となる. ただし「(国・地域) の西部に」を表すときには «dans l'ouest de＋場所» を使う点に注意. **001**

□ 051 「～によりかかって, ～に向かって〔対して〕」(接触) を表す前置詞を入れる. **075**

□ 052 「海岸で」と同じ考え. bord「道端, 沿岸, 岸」を用いる表現を入れる. なお, «être au bord de ...» は「～の瀬戸際にいる」の意味になる. **086**

□ 053 「(駅の) プラットホームで」は「ホームの上で」と考える. たとえば「地図で道を調べる」も「地図上で」と考えて, « vérifier la route (　　) la carte » と表現する. **037**

□ 054 「大学で〔場所〕」と考える. 和訳につられて de と入れがちなので注意. なお,「パリ大学で勉強する」を仏訳すると, «faire ses études à l'Université de Paris» となる. **001**

解答 046 **à** 047 **entre** 048 **au coin** 049 **de**
050 **à l'ouest** 051 **contre** 052 **au bord** 053 **sur**
054 **à**

練習問題 7　(　　) 内に適語を入れなさい.

☐ 055　彼らは徒歩で50キロを踏破した.
Ils ont parcouru 50 kilomètres (　　　) (　　　).
＊parcourir〔他〕「歩き回る, 走破〔踏破〕する」

☐ 056　彼女はタクシーでやって来た.
Elle est venue (　　　) taxi.

☐ 057　鈍行 (普通列車) でいらしたのですか.
Etes-vous venu(e) (　　　) l'omnibus?
＊急行は l'express (le train〜), 特急は le rapide (le train〜).

☐ 058　彼女は泳いで英仏海峡を横断した.
Elle a traversé la Manche (　　　) la nage.
＊la nage「泳法・水泳」の動詞は nager.

☐ 059　私はこの手紙を鉛筆で書く.
J'écris cette lettre (　　　) crayon.

☐ 060　彼はこのファックスをボールペンで書いた.
Il a écrit ce fax (　　　) un stylo à bille.

☐ 061　私はドルで支払った.
J'ai payé (　　　) dollars.

☐ 062　彼女は小切手で支払った.
Elle a payé (　　　) chèque.

☐ 063　この手紙を速達で出してください.
Envoyez cette lettre (　　　) exprès, s'il vous plaît.
＊exprès〔男〕「速達便」. 綴りの似ている express は「急行列車」.

■ 解答・解説：手段を表す前置詞・熟語

□ 055 「徒歩で」（手段・道具）を意味する表現．「ドアに鍵をかける（鍵で閉める）」の «fermer la porte à clef» も同じ用法．**003 123**

□ 056 「乗物で」（手段・方法）を表す前置詞を入れる．ただし，なかに乗り込まない乗物は à が通例．à moto「バイクで」，à ski「スキーで」等．ただし，会話では en moto, en ski とする傾向がある．**022**

□ 057 「列車で」(　　) le train と同じ表現で，使用した交通手段を明示する．冠詞をつけずに «en omnibus» の表現も使う．**033**

□ 058 「泳いで」の意味には (　　) la nage を使う．なお，«être en nage» という熟語は「汗びっしょりである」の意味で用いる．

□ 059 「鉛筆で」（手段・方法）を意味する前置詞を入れる．ただし，不定冠詞・所有形容詞をつけて «avec un crayon, avec son crayon» という表現も用いるので注意．**003**

□ 060 「ボールペンで」（道具）の意味．たとえば，「ナイフ・フォークで食べる」«manger (　　) un couteau et une fourchette»，「石鹸で手を洗う」«se laver les mains (　　) du savon» も同じ前置詞が入る．**052**

□ 061 「～で，～によって」（手段）の意味．parler (　　) français「フランス語で話す」，écrire (　　) kanji「漢字で書く」等も同じ用法．**022**

□ 062 手段・方法「～によって，～を用いて」の意味を表す前置詞を入れる．**033**

□ 063 「速達で」は2通りの表現が可能．**033**

解答 055 **à pied**　056 **en**　057 **par**　058 **à**　059 **au**

060 **avec**　061 **en**　062 **par**　063 **par [en]**

練習問題 8

（　　）内に適語を入れなさい.

☐ 064　この椅子は木でできている.
Cette chaise est (　　　) (　　　).

☐ 065　私は彼より 3 歳年上です.
Je suis plus âgé que lui (　　　) trois ans.

☐ 066　シャワー付きの部屋はありますか.
Vous avez une chambre (　　　) douche?

☐ 067　紅茶に砂糖を入れるの入れないの.
Tu prends ton thé, avec ou (　　　) sucre?

☐ 068　飲物は何になさいますか.
Qu'est-ce que vous prenez (　　　) (　　　)?

☐ 069　昨日，私はテレビでサッカーの試合を見た.
Hier, j'ai vu un match de football (　　　) la télévision.
*football は会話では foot と略されることがある.

☐ 070　私の車は故障した.
Ma voiture est tombée (　　　) (　　　).
*tomber〔自〕の複合時制に使う助動詞は être.

☐ 071　日本人の 5 人に 2 人はこのニュースを知っている.
Deux Japonais (　　　) cinq connaissent cette nouvelle.

☐ 072　あなたはこの改革案に賛成ですか反対ですか.
Vous êtes (　　　) ou (　　　) ce projet de réforme?
*réforme〔女〕「(制度・組織の) 改革，改定」

■ 解答・解説：その他の前置詞・熟語 ①

☐ 064 「～でできた，～から成る」(材質) を表す前置詞．ただし，前置詞 de でも材質を表すことがある．たとえば，femme de fer「鉄の女」などの比喩表現．ただし，この de は属詞の位置では用いない．**023**

☐ 065 「～だけ，～の」(数量・差・程度) を表す．なお例文は Je suis son aîné de trois ans. と書き換えられる．**013**

☐ 066 「～の付いた，～を持った」(付属・所持) を意味する．「フィルター付き煙草」des cigarettes (　　) filtre,「白髪の男性」un homme (　　) des cheveux blancs 等が同じ前置詞の用例．**052**

☐ 067 avec sucre で「砂糖入り」，(　　) sucre で「砂糖なし」となる．**056**

☐ 068 レストラン等での慣用句．「として」(資格) の意味を表す語で無冠詞名詞を伴うことが多い．**079**

☐ 069 「テレビで」は手段を表す前置詞を用いる．「ラジオで」(　　) la radio も同じ前置詞．ちなみに「電話で」は par téléphone という．**003**

☐ 070 「故障の状態で」(様態) を表す．être en colère「怒っている」，être en désordre「散らかっている」等，多様な表現をつくる．**022**

☐ 071 「～のうち，～につき」(比率) を表す前置詞．たとえば，obtenir un 16 (　　) 20「20点満点で16点をとる」といった表現がつくれる．**040**

☐ 072 「～に賛成して」(支持) と「～に反対して」(反対) との対表現が答え．**073 074**

解答 064 **en bois**　065 **de**　066 **avec**　067 **sans**
068 **comme boisson**　069 **à**　070 **en panne**
071 **sur**　072 **pour / contre**

練習問題 9　（　　）内に適語を入れなさい.

□ 073　私はこの詩を暗記しなくてはならない.
Il faut que j'apprenne ce poème (　　) (　　).
＊il faut que＋〔接続法〕の構文.

□ 074　私たちは雨にもかかわらず出かけました.
Nous sommes sorti(e)s (　　) la pluie.

□ 075　この道を行けば，時間どおりに着きます.
(　　) prenant ce chemin, vous arriverez à temps.
＊arriver à temps「時間どおりに着く」

□ 076　昨日，私は父に叱られた.
J'ai été grondé(e) (　　) mon père hier.

□ 077　彼女は年齢の割にとても背が高い.
Elle est très grande (　　) (　　) (　　).

□ 078　そのパン屋は午前 6 時にはもう開いている.
Ce boulanger est ouvert (　　) six heures du matin.
cf. aller chez le boulanger「パン屋に行く」

□ 079　あの映画を（について）どう思う.
Quelle est ton impression (　　) ce film?
＊「あの映画についての君の印象は？」が直訳.

□ 080　あなたの考えに賛成です.
Je suis d'accord (　　) vous.
＊D'accord. は単独で使って「了解，ＯＫ！」（承諾・賛同）の副詞句.

□ 081　今はおおよそ10時です.
Il est (　　) peu près dix heures.

■ 解答・解説：その他の前置詞・熟語 ②

☐ 073 「暗記して」「そらで」という意味の熟語．154

☐ 074 「〜にもかかわらず」の意味を表す前置詞．(　　) ses parents「両親の意に反して」といった用例もある．また «(　　) tout» は「何といおうと，それでもやはり」の意味．082

☐ 075 ジェロンディフ（条件・仮定）「〜すれば」の形にする．仏検ではジェロンディフと受け身の動作主 de, par が文法がらみの前置詞の用法でよく出題される．027

☐ 076 受動態の動作主「〜によって」を表す．なお de と par の違いは4級レベルで知っておくべき文法．036　*cf.* 016

☐ 077 「年の割に」は対比・割合を表す前置詞を用いる．パーセント％の表記，たとえば「10%」dix pour cent も同じ用法．071

☐ 078 「6時にはもう」とあるので「〜から（すぐに）」の意味を表す前置詞を入れる．あわてて時刻を表す à と入れないように注意が必要．082

☐ 079 「〜について，〜に関する」（主題）を意味する．(　　) ce point, il a raison.「その点に関しては彼が正しい」038

☐ 080 être d'accord (　　) *qn*「人と意見が一致する（賛成である）」の言い回し．109

☐ 081 「だいたい，おおよそ，ほぼ」の意味にする．たとえば C'est juste.「それは正しい」を C'est à peu près juste. とすると「それはほぼ正しい」の意味になる．

解答　073 **par cœur**　074 **malgré**　075 **En**　076 **par**
077 **pour son âge**　078 **dès**　079 **sur**　080 **avec**
081 **à**

練習問題10　(　　) 内に適語を入れなさい.

□ 082　突然，雪が降りだした.
Tout à (　　　), il s'est mis à neiger.

□ 083　とても驚いたことに，父は私を知らないふりをした.
(　　　) ma grande surprise, mon père a feint de ne pas me connaître.
＊feindre de + *inf.*「～するふりをする」

□ 084　友達はいつも白を着ている.
Un de mes amis s'habille toujours (　　　) blanc.

□ 085　祖父は早起きです.
Mon grand-père se lève (　　　) (　　　) heure.

□ 086　あなたの新しいドレスは何色ですか.
(　　　) quelle couleur est votre nouvelle robe?

□ 087　この猫はあおむけに寝る.
Ce chat dort (　　　) le dos.

□ 088　この洗濯機は故障しやすい.
Cette machine (　　　) laver se détraque facilement.
＊se détraquer〔代動〕は「調子が狂う」の意味.

□ 089　北風が激しく吹いていた.
Le vent du nord soufflait (　　　) violence.
＊souffler〔自〕「(風が) 吹く，吹き荒れる」

□ 090　彼女たちはひそひそと (小声で) 話していた.
Elles parlaient (　　　) (　　　) basse.

■ 解答・解説：その他の前置詞・熟語 ③

☐ 082 tout à (　　)「突然，不意に」＝soudain, soudainement, brusquement, *etc.* **159**

☐ 083 (　　) ma grande surprise「私がとても驚いたことに」の意味となる熟語. **120**

☐ 084 「～を着た」（身なり）を意味する前置詞を入れる. **023**

☐ 085 「(朝) 早く」の熟語.「(時期の) 早くから」の意味もある. **096**

☐ 086 「～の，～を持った」（特徴・性質）の意味を表す．たとえば，La question est (　　) grande importance.「その問題は極めて重要だ」も同じ用法. **014**

☐ 087 「あおむけに寝る」は dormir (　　) le dos という．なお，「うつ伏せに」は à plat ventre を用いる. **041**

☐ 088 「～するための，用の」（用途）を意味する前置詞を用いる．salle (　　) manger「ダイニングルーム」，fer (　　) repasser「アイロン」等が同じ言い回し. **006**

☐ 089 「～を持って」（様態）を意味する無冠詞の抽象名詞とともに用いる．avec violence＝violemment（副詞）と同意となる．avec prudence＝prudemment「慎重に」，avec soin＝soigneusement「注意深く」等. **054**

☐ 090 「大声で」は à haute voix, à voix haute，では「小声で，ひそひそ声で」は？ **003**

解答 082 **coup** 083 **A** 084 **en** 085 **de bonne** 086 **De**
087 **sur** 088 **à** 089 **avec** 090 **à voix**

練習問題11　(　　) 内に適語を入れなさい.

□ 091 (思った通り) 雨が降りだした.
Il a commencé (　　) pleuvoir.
＊se mettre à + *inf.*：話者がその動作を予測していないときに用いる.

□ 092 何を考えていますか.
(　　) (　　) pensez-vous?

□ 093 誰のことを話していますか.
(　　) (　　) parlez-vous?

□ 094 妹は昨日から車の運転を習っている.
Ma sœur appprend (　　) conduire depuis hier.
＊conduire〔自〕「車を運転する」 *cf.* permis de conduire「運転免許証」

□ 095 騒がしくて眠れません.
Le bruit m'empêche (　　) dormir.
＊bruit〔男〕「騒音, 物音」 *cf.* faire du bruit「音を立てる, 騒ぐ」

□ 096 君は辛抱が足らない.
Tu manques (　　) patience.
cf. travailler avec patience「辛抱づよく働く」

□ 097 電気を消すのを忘れないでください.
N'oubliez pas (　　) fermer l'électricité.
＊éteindre la télévision「テレビを消す」, fermer l'eau「水道を止める」

□ 098 彼は道を間違えた.
Il s'est trompé (　　) route.

□ 099 彼はこのアパルトマンを売ることに決めた.
Il a décidé (　　) vendre cet appartement.

■ 解答・解説：動詞＋前置詞 (**à, de**) ①

☐ 091「〜し始める」commencer (　　)＋*inf.* 212
*話者にとって予定通りの行為・動作が始まる場合に用いる.
cf. commencer (*qch*) par＋名詞［*inf.*］「まず〜から始める」

☐ 092「〜のことを思う」penser (　　) *qn*/*qch* 249
cf. penser à＋*inf.*「〜しようと考えている，忘れずに〜する」
Elle pense à se marier.
「彼女はそろそろ結婚しようと思っている」

☐ 093「〜について話す」parler (　　) *qn*/*qch* 015
cf. parler à *qn*「人に話す，話しかける」
parler avec *qn*「人と話す」

☐ 094「〜することを習う」apprendre (　　)＋*inf.* 205
cf. apprendre à *qn* à＋*inf.*「人に〜することを教える」
Il a appris à conduire à son fils.「彼は息子に運転を教えた」

☐ 095「人が〜するのを妨げる」empêcher *qn* (　　)＋*inf.* 227
cf. ne (pas) pouvoir s'empêcher de＋*inf.*
「〜せずにはいられない」

☐ 096「〜が足りない」manquer (　　) *qch* 237
cf. manquer (de)＋*inf.*「危うく〜しそうになる」
J'ai manqué (de) tomber.「私は危うく転びそうになった」

☐ 097「〜するのを忘れる」oublier (　　)＋*inf.* 243
cf. se souvenir de＋*inf.*「〜したのを覚えている」

☐ 098「〜を間違える」se tromper (　　)＋無冠詞名詞
cf. se tromper dans ses calculs「計算を間違える」
cf. AをBと間違える　prendre A pour B,　confondre A avec B

☐ 099「〜することを決める」décider (　　)＋*inf.* 217
cf. se décider à *qch* [à＋*inf.*]
「〜を〔〜することを〕決心する」

解答　091 **à**　092 **A quoi**　093 **De qui**　094 **à**　095 **de**
096 **de**　097 **de**　098 **de**　099 **de**

練習問題12　(　　) 内に適当な前置詞を入れなさい.

☐ 100　私はけっして両親には従わない.
Je n'obéis jamais (　　　) mes parents.
cf. se soumettre à *qn/qch*「～に従う」

☐ 101　私はよく女の子と間違えられる.
On me prend souvent (　　　) une fille.
cf. confondre A avec B「AをBと間違える（混同する）」

☐ 102　遅れてすみません.
Excusez-moi (　　　) être en retard.
＊être en retard「遅刻する」

☐ 103　私を馬鹿にするな.
Ne te moque pas (　　　) moi!
cf. faire [peu de] cas de *qn/qch*「～を重視〔軽視〕する」

☐ 104　このボタンを押してください.
Appuyez (　　　) ce bouton.

☐ 105　私は初恋のことを思い出す.
Je me souviens (　　　) mon premier amour.
cf. tomber amoureux (se) de *qn*「～と恋に落ちる」

☐ 106　彼はその会議に出席〔参加〕しなくてはならない.
Il doit participer (　　　) cette réunion.

☐ 107　彼女はやっと理解した.
Elle a fini (　　　) comprendre.
cf. finir de pleurer「泣くのはやめる.」

☐ 108　この機会を利用してあなたを両親に紹介します.
Je profite (　　　) l'occasion pour vous présenter à mes parents.
cf. présenter A (*qn*) à B (*qn*)「AをBに紹介する」

■ 解答・解説：動詞＋前置詞 ②

☐ 100 「～に従う」obéir (　　) *qn/qch*. 英語の obey は他動詞扱い.
＊obéir は「機械等が～正確に反応する」の意味でも使われる.

☐ 101 「AをBとみなす」prendre A (　　) B 252
cf. prendre A pour [en, comme] B
「AをBとして選ぶ（雇う）」
Elle a pris Paul pour époux.「彼女はポールを夫にした」

☐ 102 「～して申し訳ありません」Excusez-moi (　　)＋*inf.*
Je m'excuse de mon retard. とも書き換えられるが，非礼を詫びるには通常 Excusez-moi ... の形を用いる.

☐ 103 「～をからかう，馬鹿にする」se moquer (　　) *qn/qch* 017
cf. se moquer du danger「危険をものともしない」の意味もある.

☐ 104 「～を押す」appuyer (　　) *qch* 207
cf. appuyer A contre [à, sur] B「（AをBに）もたせかける」
N'appuie pas tes coudes sur la table.
「テーブルに肘をつくな」

☐ 105 「～を思い出す」se souvenir (　　) *qn/qch* 268
cf. se souvenir (de)＋*inf.*「～したことを覚えている」
Je ne me souviens pas (de) l'avoir vu(e).
「彼〔彼女〕に会った覚えはない」

☐ 106 「～に参加〔協力〕する」participer (　　) *qch* 245
cf. prendre part à *qch*「～に参加する」
cf. se joindre à *qch*「～に加わる（参加する）」

☐ 107 「ついに～する」finir (　　)＋*inf.* 231
⇔ commencer par＋*inf.*「まず～し始める，手始めに～から始める」
cf. finir de＋*inf.* (1) ～し終える (2) ～するのをやめる

☐ 108 「～を利用〔活用〕する」profiter (　　) *qch* 017
「～を利用して…する」profiter de *qch* pour＋*inf.*
cf. profiter à *qn*「人の役に立つ」

解答 100 **à** 101 **pour** 102 **d'** 103 **de** 104 **sur** 105 **de**
106 **à** 107 **par** 108 **de**

練習問題13　（　　）内に適当な前置詞を入れなさい.

□ 109　彼女は泣きだした.
Elle s'est mise (　　　) pleurer.

□ 110　彼女はすぐに怒りだす.
Elle se met facilement (　　　) colère.

□ 111　映画に行く前に，まず食事をしましょう.
Avant d'aller au cinéma, commençons (　　　) manger.
*avant de + *inf.*「～する前に」

□ 112　彼は貧困から脱するためにたたかった.
Il a lutté (　　　) sortir de la misère.
cf. lutter contre la maladie「病とたたかう」

□ 113　私の家は5部屋からなっている.
Ma maison consiste (　　　) cinq pièces.
cf. se composer de *qch*「～で構成されている」

□ 114　彼（彼女）のアパルトマンは海に面している.
Son appartement donne (　　　) la mer.

□ 115　彼女は暖炉に近づいた.
Elle s'est approchée (　　　) la cheminée.
*approcher〔自〕に対して〔代動〕は話者の主観が加味される.

□ 116　あなたはフランス人でも通りそうだ.
Vous pourriez passer (　　　) un Français.

□ 117　従姉（従妹）は外科医と結婚した.
Ma cousine s'est mariée (　　　) un chirurgien.
cf. épouser *qn*「～と結婚する」

□ 109 se mettre (　　)＋*inf.* は「(予想していなかったのに) ～し始める」の含みがある．240

□ 110 「腹をたてる」se mettre (　　) colère 186
例文の se mettre は「ある状況に身を置く」「ある状態になる」の意味．他に se mettre en route「出発する」, se mettre d'accord「同意する」等が大切．ただし，se mettre en pantalon 「パンタロンをはく」の場合には，en は「身につける」の意味．

□ 111 「まず～から始める」commencer (　　) *inf.* 212

□ 112 「～のために戦う」lutter (　　)＋*inf.* [*qch*] 236
cf. lutter contre *qn*/*qch*「～に対して〔と〕たたかう」
cf. lutter de vitesse avec *qn*「人とスピードを競う」

□ 113 「～からなる」consister (　　) *qch* 215
cf. consister en [dans] *qch*「～に存する，ある」
cf. consister à＋*inf.*「～することに存する〔ある〕」

□ 114 「～に面している」donner (　　) *qch* 039
cf. donner *qch* à＋*inf.*「～するために…を渡す〔委ねる〕」
J'ai donné ma voiture à réparer.「車を修理に出した」え

□ 115 「～に近づく」s'approcher (　　) *qch*/*qn* 206
cf. se rapprocher de *qch*/*qn*「～に近づく」

□ 116 「～として通る」passer (　　)＋属詞 246
cf. se faire passer pour ...「～と自称する，自分を～で通す」

□ 117 「～と結婚する」se marier (　　) *qn* 238
「結婚している」(状態) は être marié を用いる．
Nous sommes mariés depuis un an.
「私たちは結婚して１年です」

解答 109 **à** 110 **en** 111 **par** 112 **pour** 113 **en**
114 **sur** 115 **de** 116 **pour** 117 **avec**

練習問題14

（　　）内に適当な前置詞を入れなさい.

□ 118　父は私を説得しようとした.
Mon père a essayé (　　　) me convaincre.
＊convaincre〔他〕「(人を) 納得させる, 説得する」

□ 119　私はその計画に固執している.
Je tiens (　　　) ce projet.
cf. tenir de+*qn*「(親に) 似ている」

□ 120　私におまかせください.
Comptez (　　　) moi, s'il vous plaît.

□ 121　彼女のドレスは私のと似ている.
Sa robe ressemble (　　　) la mienne.
＊la mienne=ma robe

□ 122　ジャンは妻と離婚した.
Jean a divorcé (　　　) sa femme.

□ 123　真偽を見分けなくてはならない.
On doit distinguer le vrai (　　　) faux.

□ 124　風邪を引かずにすんだ.
J'ai échappé (　　　) la grippe.
cf. prendre froid「風邪を引く」, avoir la grippe「風邪を引いている」

□ 125　君の健康状態ではもう旅行は無理だ.
Ta santé ne te permet plus (　　　) voyager.

□ 126　子供の面倒をみてあげなさい.
Occupe-toi (　　　) enfants.

■ 解答・解説：動詞＋前置詞 ④

☐ 118 essayer (　　)＋*inf.*「～しようと試みる」**230**
cf.「～を試みる」faire l'essai de *qch*, mettre *qch* à l'essai

☐ 119 tenir (　　) *qn*/*qch*「～に執着を抱く」**269**
cf. s'attacher à *qch* [＋*inf.*]「～に（することに）執着する」

☐ 120 compter (　　) *qn*/*qch*「～をあてにする」**213**
cf. s'appuyer sur *qn*/*qch*
「～をよりどころとする，頼みとする」
Ma mère s'appuie entièrement sur moi.
「母は私に頼りきっている」

☐ 121 ressembler (　　) *qn*/*qch*「～に似ている」**261**
親に似ているという意味で Elle tient de sa mère. という表現も大切.
cf. se ressembler comme deux gouttes d'eau
「瓜二つである」

☐ 122 divorcer (　　) *qn* で「人と離婚する」の意味.

☐ 123 distinguer A (　　) B「AとBを見分ける」. この文章を On doit distinguer le vrai et le faux. と書くこともできる. **522**

☐ 124 échapper (　　) *qn*/*qch*「～を逃れる」**226**
通常,「風邪」は rhume, froid,「流行性感冒」は grippe, influenza と表現する.

☐ 125 permettre à *qn* (　　)＋*inf.*「人に～するのを許す」**250**

☐ 126 s'occuper (　　) *qn*/*qch*「～の世話をする」**241**
＝soigner *qn*/*qch*, aider *qn* à＋*inf.*, assister *qn*

解答 118 **de** 119 **à** 120 **sur** 121 **à** 122 **de, avec, d'avec**
123 **du** 124 **à** 125 **de** 126 **des**

練習問題15

不足している前置詞1語を加え，[　　] 内の動詞を直説法現在形にして（　　）内の語句を正しく並べかえなさい．

☐ 127 父は仕事中です．
Mon père (travailler, train, de, [être])

☐ 128 母はちょうど出かけようとしていた．
Ma mère (de, le point, sortir, [être])

☐ 129 私はとどまっても出発してもどちらでもかまわない．
Il (ou, rester, partir, m', indifférent, de, [être])

☐ 130 私たちはフランスに行くつもりだ．
Nous (en France, l'intention, aller, [avoir])

☐ 131 兄は駅まで歩いていくのが習慣です．
Mon frère (jusqu'à, à, l'habitude, pied, la gare, aller, [avoir])

☐ 132 彼の提案を受け入れるほうが得策です．
Vous (intérêt, accepter, proposition, sa, [avoir])

☐ 133 私はもう父親を信じない．
Je (plus, mon père, confiance, n', [avoir])

☐ 134 父は私の意見をまったく斟酌しない．
Mon père (mon avis, ne, aucun, compte, [tenir])

☐ 135 それはあなたらしくない．
Cela (vous, n', digne, pas, [être])

■ 解答・解説：動詞＋前置詞 ⑤

☐ 127 être en train de＋*inf.* 187
cf. 動詞が一時的な動作を表す場合には「～しようとしている」の意味.

☐ 128 être sur le point de＋*inf.* 190
⇨ 状態・行為がこれから行われようとしているという，近い未来.

☐ 129 Il est indifférent à *qn* de＋*inf.* 277
⇨「人にとって～することはどうでもよい」の意味.

☐ 130 avoir l'intention de＋*inf.* 167
cf. à l'intention de *qn*「人のために」

☐ 131 avoir l'habitude de＋*inf.* 180

☐ 132 avoir intérêt à＋*inf.*「～するほうが得策だ」406

☐ 133 avoir confiance en *qn*「人を信頼している」161
cf. faire confiance à *qn*「人を信頼する」という動作

☐ 134 tenir compte de *qch* 269
＝considérer *qch*, prendre *qch* en considération

☐ 135 être digne de *qn* 279

解答
127 **Mon père est en train de travailler.**
128 **Ma mère est sur le point de sortir.**
129 **Il m'est indifférent de rester ou de partir.**
130 **Nous avons l'intention d'aller en France.**
131 **Mon frère a l'habitude d'aller à pied jusqu'à la gare.**
132 **Vous avez intérêt à accepter sa proposition.**
133 **Je n'ai plus confiance en mon père.**
134 **Mon père ne tient aucun compte de mon avis.**
135 **Cela n'est pas digne de vous.**

練習問題
仏検２級対応

〈計115題〉

「重要表現・熟語」の欄で取りあげていない重要表現・熟語も取りあげています．また，３級レベルで取りあげた表現も適時織りまぜています．

練習問題 1

(　　) 内に入れるのに適当な前置詞を下記の語群から選んで入れなさい．ただし，同じ語は1度しか用いてはいけません．

☐ 136 Je me suis promené(e) dans la forêt (　　　) hasard.

☐ 137 Nous nous sommes rencontrés à la gare (　　　) hasard.

☐ 138 Elle travaille (　　　) moyenne quarante heures par semaine.

☐ 139 Notre voyage s'est bien passé (　　　) l'ensemble.

☐ 140 Je vous remercie (　　　) tout mon cœur.

☐ 141 Venez (　　　) faute demain.

☐ 142 Organisez votre discours (　　　) ordre de manière qu'on puisse facilement vous comprendre.

☐ 143 Ta voiture est complètement (　　　) d'usage!

☐ 144 (　　　) ma part, je ne suis pas d'accord.

語群　au　avec　de　dans　en　hors　par　pour　sans

■ 解答・解説

☐ 136　(　　) hasard「あてもなく，行き当たりばったりに」290
私は森をあてもなく散歩した.

☐ 137　(　　) hasard「偶然に，もしや」316 101
私たちは偶然駅で出会った.

☐ 138　(　　) moyenne「平均して」304
彼女は平均して週に４０時間仕事をする.

☐ 139　(　　) l'ensemble「全体として」312
私たちの旅は全体としてはうまくいった.

☐ 140　(　　) tout son cœur「心から，誠心誠意」
衷心よりお礼を申し上げます.
cf. de bon cœur「心から」292

☐ 141　(　　) faute「かならず，間違いなく」323
明日はかならず来てください.

☐ 142　(　　) ordre「順序よく」＝par ordre, en bon ordre
おっしゃっていることがわかるように，あなたの話を順序よく話してください.
cf. mettre *qch* en ordre「～をきちんと片づける」

☐ 143　être (　　) d'usage「もう使い物にならない」
君の車はもう完全に使い物にならない.

☐ 144　(　　) ma part「私としては」156
私としては同意できません.

解答　136 **au**　137 **par**　138 **en**　139 **dans**　140 **de**
141 **sans**　142 **avec**　143 **hors**　144 **Pour**

練習問題 2

（　　）内に入れるのに適当な前置詞を下記の語群から選んで入れなさい．ただし，同じ語は1度しか用いてはいけません．

☐ 145 Il a fait entrer (　　　) force la clef dans la serrure.

☐ 146 Très audacieux (　　　) le privé, mon frère devient un autre homme en public.

☐ 147 (　　　) total, nous étions treize à table!

☐ 148 Elle a passé l'examen (　　　) succès.

☐ 149 Je voudrais vous parler (　　　) privé.

☐ 150 (　　　) bonheur, le dernier train n'est pas encore parti.

☐ 151 Je considère Monsieur Maruyama (　　　) mon professeur.

☐ 152 (　　　) le moment, on n'a encore rien décidé.

☐ 153 C'est un dictionnaire qui m'est tombé par hasard (　　　) la main.

語群　au　avec　comme　de　dans　en　par　pour　sous

■ 解答・解説

☐ 145 (　　) force「力ずくで」294
彼は力ずくで鍵を鍵穴に差し込んだ.

☐ 146「個人的に，内輪で」の意味なら en privé ⇔ en public だが，ここでは (　　) le privé「私生活（プライベート）では」の意味になる．下記 149 参照．313
兄（弟）は私生活ではとてもずうずうしいのに，人前だと別人になる.

☐ 147 (　　) total「全体で，結局のところ」291
全体で，食卓にはなんと 13 人の人がいた.

☐ 148 (　　) succès「成功して」311
彼女は試験に受かった.

☐ 149 (　　) privé「個人的に」313
個人的にお話ししたいのですが.

☐ 150 (　　) bonheur「幸運にも」⇔ par malheur 318 151
幸い，最終電車はまだ出ていなかった.

☐ 151 considérer A (　　) B「A を B と見なす」364
私は丸山氏をわが師だと思っている.

☐ 152 (　　) le moment「目下のところ，さしあたっては」
今のところ，まだ何も決めていません.

☐ 153 tomber (　　) la main「偶然手に入る」371
それはたまたま私の手に入った辞書です.

解答 145 **de** 146 **dans** 147 **Au** 148 **avec** 149 **en**
150 **Par** 151 **comme** 152 **Pour** 153 **sous**

練習問題 3

（　　）内に下記の語群から適当な動詞を選び，必要に応じて適当な形に直していれなさい．

□ 154　ほっといてくれませんか．
Qu'est-ce que cela peut vous (　　　)?

□ 155　彼は宝くじで１等に当たったという噂だ．
Le bruit (　　　) qu'il a gagné le gros lot à la loterie.

□ 156　晴天は明日の朝まで続くだろう．
Le beau temps (　　　) jusqu'à demain matin.

□ 157　暑くなってきた．
Le temps (　　　) au chaud.

□ 158　あのレストランから食欲をそそるにおいがしてくる．
Une odeur appétissante (　　　) de ce restaurant.

□ 159　医者というのは実入りの多い仕事だ．
Etre médecin, c'est un métier qui (　　　) bien.

□ 160　彼〔彼女〕は幾つだと思いますか．
Quel âge lui (　　　)-vous?

語群　courir　donner　faire　payer　sortir　tenir　tourner

■ 解答・解説

＊語群がなくても解答できるレベルまで学習しておくことが望ましい.

☐ 154 「(影響を) もたらす，及ぼす」346
例文は慣用表現「それがあなたにどんな関係があるというのですか」と訳すこともできる.

☐ 155 Le bruit court [se répand] que＋〔直説法〕「～という噂が流れている」＝On dit que＋〔直説法〕478 335

☐ 156 「〔物・天候等が〕長持ちする，しっかりしている」370

☐ 157 tourner à [en]「(～に)変わる，なる」373

☐ 158 「〔香り・液体・音等が〕発する，漏れだす」368
cf. Il en sortait des bruits bizarres.
「(非人称) そこから奇妙な音が聞こえていた」

☐ 159 「引き合う，割りにあう」359
cf. Ce travail paie [paye] bien.「この仕事は金になる」

☐ 160 「〔年齢等を〕推定する，想定する」340

解答 154 **faire** 155 **court** 156 **tiendra** 157 **a tourné**
158 **sort** 159 **paie, paye** 160 **donnez**

練習問題 4

与えられた日本語訳に対応するように（　　）内に入れるべき適当な1語を答えなさい.

□ 161　急行に乗れば時間がかせげます.
Si on prend l'express, on peut (　　　) du temps.

□ 162　彼は美男子ではないが，それでも私は好きです.
Il n'est pas très beau : cela n'(　　　) pas que je l'aime.

□ 163　流行はすぐにすたれる.
La mode (　　　) vite.

□ 164　京都の魅力には誰も逆らえない.
Personne ne (　　　) à l'attrait de Kyoto.

□ 165　服のサイズはいくつですか.
Quelle taille (　　　)-vous, Madame?

□ 166　もうこれ以上はごめんだ.
Ça (　　　) comme ça!

□ 167　一か八かやってみるべきだ.
C'est un risque à (　　　).

□ 168　同僚はみんな彼をほめる.
Tous ses collègues disent du (　　　) de lui.

□ 169　あの男は目的のためならどんなことでもやりかねない.
Cet homme est (　　　) de tout.

□ 170　お金がありません.
Je suis à (　　　) d'argent.

■ 解答・解説

＊和訳から動詞・形容詞・名詞を入れる出題形式は仏検で正答率が低い．とくに，基本動詞の意味の広がり（直訳⇨意訳）がポイント．

☐ 161 「(時間等を）かせぐ，節約する」
gagner du temps「時間を節約する，かせぐ」349

☐ 162 Cela n'empêche que＋〔直説法・接続法〕341
「それにもかかわらず〜である，それでも〜であることに変わりない」

☐ 163 passer「消え去る，色あせる」358
disparaître「消える，姿を消す」
cf. Comme le temps passe vite!
「時がたつのはなんと早いことか」

☐ 164 「(à に）抵抗する，逆らう，持ちこたえる」366 571

☐ 165 慣用表現：この表現はこれまで２度仏検（２級）に出題されている．346

☐ 166 慣用表現 Suffit. だけでも同じニュアンスを表す．369

☐ 167 会話表現　*cf.* courir un risque「危険を冒す」335

☐ 168 dire du (　　) de ...「〜をほめる」383

☐ 169 être (　　) de tout「なんでもやりかねない」385

☐ 170 à (　　) de ...「〜が足りない，欠けている」389

解答　161 **gagner**　162 **empêche**　163 **passe / disparaît**
164 **résiste**　165 **faites**　166 **suffit**　167 **courir**
168 **bien**　169 **capable**　170 **court**

練習問題 5

下記の語群から各文の（　　）内に適する動詞を選び，適当な形で入れなさい．

☐ 171 Ma mère (　　　) à pleurer quand on lui a appris cette nouvelle.

☐ 172 Cette actrice ne (　　　) rien, qu'est-ce qu'elle joue mal!

☐ 173 Cet accident (　　　) à un excès de vitesse.

☐ 174 Il n'y avait personne dans la classe, que je (　　　).

☐ 175 Ne (　　　) pas les choses en noir.

☐ 176 Elle a fait (　　　) son mécontentement.

☐ 177 Il (　　　) à Paris une seule fois.

☐ 178 Ah! Si je (　　　) gagner à la loterie!

☐ 179 Vous me (　　　) du vin, s'il vous plaît?

☐ 180 (　　　) froid, elle se couvrit.

語群	avoir	devoir	être	se mettre	paraître
	pouvoir	savoir	servir	valoir	voir

■ 解答・解説

＊適当な動詞を選ぶだけでなく，文脈から適当な法・時制を見抜くこと．

□ **171** se mettre à＋*inf.*「～し始める」240
母はその知らせを聞くと泣きだした．
＊半過去・大過去等は不適当．

□ **172** valoir「価値がある」
あの女優はなんの価値もない．なんてひどい演技だ．

□ **173** être dû à *qn/qch*「原因は～である」
あの事故はスピードの出しすぎが原因だ．

□ **174** que je sache「私の知るかぎり」
私の知るかぎり教室には誰もいなかった．

□ **175** voir「思い描く，理解する」
cf. voir tout en noir「なんでも悲観的に考える」404
物事を暗く（悲観的に）考えてはいけません．

□ **176** faire [laisser] paraître *qch*「～をあらわにする」
彼女は不満を顔に出した．

□ **177** une seule fois とあるので複合過去が適当．
彼はたった一度だけパリに行ったことがある．

□ **178** «Si＋半過去» の形で願望・勧誘・後悔を表現する．
ああ，宝くじが当たればいいのに

□ **179** servir＋〔料理・飲み物〕「～を出す，給仕する」
私にワインをついでいただけますか．

□ **180** Comme elle avait froid, と書き換えられる．
寒かったので彼女は着こんだ．

解答 171 **s'est mise** 172 **vaut** 173 **est dû** 174 **sache**
175 **voyez, vois** 176 **paraître** 177 **a été**
178 **pouvais** 179 **servez** 180 **Ayant**

練習問題 6

(　　) 内に入る適当な前置詞を下記の語群から選び答えなさい．ただし，同じ語は１度しか用いてはいけません．

☐ 181 Cet alpiniste est mort (　　　) froid dans les Alpes.

☐ 182 Mon frère agit de temps en temps (　　　) l'effet de la colère.

☐ 183 Vous travaillez (　　　) mi-temps?

☐ 184 Il a échangé des euros (　　　) la base des cours du jour.

☐ 185 Tu n'as fait ton étude qu'(　　　) surface?

☐ 186 On doit prendre des mesures (　　　) le but de protéger la nature.

☐ 187 (　　　) nous, elle n'est pas très intelligente.

☐ 188 C'est (　　　).

☐ 189 Pierre s'est opposé (　　　) force à ce projet.

☐ 190 (　　　) bonheur, elle a pu attraper le dernier train.

語群　à　avec　dans　de　en　entre　par　selon　sous　sur

■ 解答・解説

☐ 181 mourir (　　)＋死因「～で死ぬ」 *cf.* 411
その登山家はアルプスで凍死した.

☐ 182 (　　) l'effet de「～の影響下で, ～のせいで」438
兄（弟）はときどき怒りに任せて行動する.

☐ 183 (　　) mi-temps「(半日の）パートで」439
あなたはパートで働いているのですか.

☐ 184 (　　) la base de「～の率（割合）で」443
彼はその日の相場でユーロを換金した.

☐ 185 (　　) surface「表面を, 水面を」448
君は上っ面しか勉強しなかったのではないですか.

☐ 186 (　　) le but de「～する目的で, ～するために」498
自然を保護するために策を講じなくてはならない.

☐ 187 (　　) nous「ここだけの話ですが」＝confidentiellement
ここだけの話ですが, 彼女はたいして頭の切れる人ではありません. 551

☐ 188 それは場合による. ＝Ça dépend. 512＝(Il) faut voir.

☐ 189 (　　) force「力一杯, 力強く, 強力に」410
ピエールはその計画に断固反対した.
cf. en force「大勢で, 力をこめて」
de force「力の, 力に頼る, 力ずくで, 無理やりに」

☐ 190 (　　) bonheur＝heureusement 318 151
幸いにして, 彼女は最終電車に間にあった.

解答 181 **de** 182 **sous** 183 **à** 184 **sur** 185 **en**
186 **dans** 187 **Entre** 188 **selon** 189 **avec** 190 **Par**

練習問題 7

(　　) 内に入る適当な前置詞を下記の語群から選び答えなさい．ただし，同じ語は1度しか用いてはならない．

☐ 191 Cet accident est dû (　　　) la négligence du chauffeur.

☐ 192 A la vue de cette église, elle est revenue (　　　) ses pas.

☐ 193 Mon frère est assez grand (　　　) son âge.

☐ 194 A Paris, il y a beaucoup de touristes (　　　) discontinuer.

☐ 195 J'aimerais payer (　　　) ma carte de crédit.

☐ 196 Il faut résoudre ce problème (　　　) niveau mondial.

☐ 197 (　　　) nécessité, j'ai quitté ma compagnie l'an dernier.

☐ 198 (　　　) prétexte de maladie, elle a refusé mon invitation.

☐ 199 Quel est le chanteur le plus (　　　) vogue parmi les jeunes français?

☐ 200 Je n'ai jamais eu l'occasion (　　　) parler à ce professeur.

語群　à　au　avec　de　en　par　pour　sans　sous　sur

■ 解答・解説

☐ 191 être dû (　　) *qch*「～が原因である，～に起因する」
その事故は運転手の不注意が原因です.

☐ 192 revenir [retourner] (　　) ses pas「来た道を引き返す」
その教会を見ると，彼女は引き返した.
⇨「方針を変える」の意味でも用いられる.

☐ 193 (　　) son âge「年の割りに」071
弟は年の割りにかなり背が高い.

☐ 194 (　　) discontinuer「絶えず」＝sans arrêt
パリには大勢の観光客がひっきりなしにやっく来る.

☐ 195 (　　) une carte「カードで」317
カードで支払いたいのですが.　*cf.* par chèque「小切手で」

☐ 196 (　　) niveau＋形容詞「～のレベル（次元）で」463
この問題は世界的レベルで解決すべきです.
＝à l'échelle mondiale [du monde]

☐ 197 (　　) nécessité「必要に迫られて」452
やむを得ず，私は昨年会社を辞めた.

☐ 198 (　　) prétexte de「～を口実に」047 455
病気を口実に，彼女は私の招待を断った.

☐ 199 (　　) vogue「流行の」＝à la mode, en faveur 117
若いフランス人の間で一番人気のある歌手はだれですか.

☐ 200 avoir l'occasion (　　)＋*inf.*「～する機会がある」429
まだあの先生に話しかける機会がない.

解答 191 **à**　192 **sur**　193 **pour**　194 **sans**　195 **avec**
196 **au**　197 **Par**　198 **Sous**　199 **en**　200 **de**

練習問題 8　（　　）内に適当な１語を書き入れなさい．

□ 201 いつもは，私は9時10分前に大学に着く．
D'(　　　), j'arrive à la fac à neuf heures moins dix.

□ 202 ご迷惑は絶対におかけしません．
Je ne voudrais pour rien au (　　　) vous gêner.

□ 203 そのスーツは時代遅れです．
Ce costume a fait son (　　　).

□ 204 おいでのときには前もって知らせてください．
Dites-moi à l'(　　　) si vous venez.

□ 205 どうぞくつろいでください．
Mettez-vous donc à votre (　　　).

□ 206 ポールは運転免許の試験に合格するために頑張った．
Paul s'est donné du (　　　) pour réussir son permis de conduire.

□ 207 この熟語表現は今はもう使われない．
Cette locution figée n'a plus (　　　).

□ 208 彼はいつも臨機応変にふるまう．
Il agit toujours selon les (　　　).

□ 209 あの娘は軽はずみだ．
Cette fille est une tête en l'(　　　).

□ 210 どちら様でいらっしゃいますか．
A qui ai-je l'(　　　) de parler?

■ 解答・解説

＊かなりしっかりした単語力・熟語力が不可欠.

☐ **201** d'(　　)「普段は，いつもは」**409 097**

☐ **202** pour rien au (　　)＝nullement　否定の強調

☐ **203** avoir fait son (　　)「用済みになる，時代遅れになる」

☐ **204** à l'(　　)「早めに」**447**　*cf.* en avance「あらかじめ」

☐ **205** ＝Faites comme chez vous. **489**

☐ **206** se donner du (　　) [un mal de chien] pour＋*inf.*
「～しようと頑張る〔必死に頑張る〕」**490**

☐ **207** avoir (　　)「(貨幣・言葉・思想等が) 通用する」**467**

☐ **208** selon [suivant] les (　　)「状況に応じて」**460**

☐ **209** agir en l'(　　) 軽卒に行動する．tête en l'(　　) 軽はずみな(人)．*cf.* **433**

☐ **210** avoir l'(　　) de＋*inf.*「～する光栄に浴する，謹んで～する」**431**
＊de parler は省略することがある.

解答 201 **habitude** 202 **monde** 203 **temps** 204 **avance**
205 **aise** 206 **mal** 207 **cours** 208 **circonstances**
209 **air** 210 **honneur**

練習問題 9　（　　）内に適当な1語を書き入れなさい.

□ 211　まあ一杯どうぞ，元気がでますよ.
Prenez un petit verre : ça vous mettra en (　　　).

□ 212　あいにく，彼女は留守だった.
(　　　) de chance, elle n'était pas à la maison.

□ 213　フランス語を知らないので彼は看板が分からなかった.
(　　　) de connaître le français, il n'a pas compris l'enseigne.

□ 214　兄はまた約束を破った.
Mon frère a de (　　　) manqué à sa parole.

□ 215　あの学生は絵に関してセンスがいい.
Cet étudiant a du (　　　) en matière de peinture.

□ 216　〔電話で〕どちら様ですか.
C'est de la (　　　) de qui?

□ 217　その書類をもとに戻しておいてください.
Remettez ce dossier à sa (　　　).

□ 218　彼女は目先のことしか考えない.
Elle ne voit pas plus loin que le bout de son (　　　).

□ 219　うちのすぐ近くで殺人事件があった.
Il y a eu un meurtre à deux (　　　) de chez moi.

□ 220　この提案を受け入れたほうが得策だと思います.
A mon avis, vous avez (　　　) à accepter cette proposition.

■ 解答・解説

＊かなりしっかりした単語力・熟語力が必要.

☐ 211 en (　　)「元気な，好調な」＝ça vous remontera. 435

☐ 212 (　　) de chance [de pot, de bol]「あいにく」
cf. 237

☐ 213 (　　) de+*inf.* [de+無冠詞名詞]「〜がないので」451 423 086

☐ 214 de (　　)「再び，また」＝encore une fois 133

☐ 215 avoir du (　　)「センスがいい」457
cf. avoir le sens de l'humour「ユーモアのセンスがある」

☐ 216 ＝Qui est à l'appareil? 111

☐ 217 à sa (　　)「元の場所に，所を得て」440
cf. remettre ... à sa place「物を元の場所に戻す，人をたしなめる」

☐ 218 ne pas voir plus loin que le bout de son (　　)
「目先のことしか考えない，先見の明がない」566

☐ 219 à deux (　　) (de ...)「(〜の) すぐ近くに」

☐ 220 avoir (　　) à+*inf.*「〜するのが得策である」406

解答 211 **forme** 212 **Manque** 213 **Faute** 214 **nouveau**
215 **goût** 216 **part** 217 **place** 218 **nez** 219 **pas**
220 **intérêt**

練習問題10　(　　) 内に適当な前置詞を入れなさい.

☐ 221 Tout dépend (　　　) vous.

☐ 222 Faites bien attention (　　　) voitures.

☐ 223 Attends un instant! Donne-moi le temps de mettre mes idées (　　　) ordre.

☐ 224 Soit dit (　　　) nous.

☐ 225 Je suis optimiste (　　　) opposition à ma sœur.

☐ 226 Elle s'est absorbée (　　　) ses recherches.

☐ 227 Il s'est étendu (　　　) plat ventre.

☐ 228 Elle riait (　　　) cape.

☐ 229 Marie s'efforçait (　　　) paraître calme.

☐ 230 Ce supermarché est en concurrence (　　　) celui d'en face.

■ 解答・解説

☐ 221 dépendre (　　) *qn/qch* **512**
すべてはあなた次第です.

☐ 222 faire (bien) attention (　　) *qch* **524**
車にはくれぐれも注意しなさい.

☐ 223 mettre *qch* (　　) ordre **544**
ちょっと待って. 僕に考えを整理する時間をくれ.

☐ 224 soit dit (　　) nous **551**
ここだけの話です.

☐ 225 (　　) opposition (à *qn/qch*)「(～と)対照的に」
私は姉とは逆に楽天的です.

☐ 226 s'absorber (　　) *qch* **586**
彼女は研究に没頭していた.

☐ 227 (　　) plat ventre「腹ばいに」**041**
彼は腹ばいに寝そべった.
⇨ à plat ventre で「へつらって」の意味になることもある.

☐ 228 rire (　　) cape **550**
彼女はほくそ笑んでいた.

☐ 229 s'efforcer (　　)＋*inf.* **582**
マリーは努めて平静にふるまおうとしていた.

☐ 230 être en concurrence (　　) *qch/qn*「～と競争している」
このスーパーは真向かいのスーパーと競争している. *cf.* **535**

解答 221 **de** 222 **aux** 223 **en** 224 **entre** 225 **par**
226 **dans** 227 **à** 228 **sous** 229 **de** 230 **avec**

練習問題11　(1)〜(3)の文章に共通に入る動詞の不定法を答えなさい.

□ 231 (1) Ce train (　　　) deux heures pour aller de Paris à Dijon.
(2) (　　　) ta montre à l'heure.
(3) (　　　)-toi à ma place!

□ 232 (1) Il (　　　) 1m72.
(2) Cette robe (　　　) bien sur ma mère.
(3) Ça (　　　) deux ans que j'habite à Kyoto.

□ 233 (1) Ces deux couleurs (　　　) bien ensemble.
(2) Mon oncle (　　　) sur ses quarante ans.
(3) La vie ne (　　　) pas sans difficultés.

□ 234 (1) Il est difficile de (　　　) en japonais cette expression française.
(2) J'ai envie de (　　　).
(3) Ce commerce ne (　　　) pas.

□ 235 (1) 200 personnes peuvent (　　　) dans cette classe.
(2) Je (　　　) ce fait pour certain.
(3) Si vous y (　　　)!

■ 解答・解説

＊共通に入る動詞は基本語だが解答を導くには単語力が必要になる．

☐ 231 (1) パリからディジョンまでこの列車で２時間かかる．
⇨〔時間・労力・資金〕をかける，費やす 354
(2) 時計の時間をあわせなさい．
⇨ (　　) A B 「AをBの状態にする」354
(3) 私の身にもなってよ．⇨「(立場に) 立つ」354

☐ 232 (1) 彼は (身長が) 1m72 ある．346
(2) そのドレスは母によく似合います．
⇨ (　　) bien「よく映える」
(3) 京都に住んで２年になります．
⇨ Ça fait＋時間＋que ...「〜して〈時間〉になる」191

☐ 233 (1) この２つの色はよく調和します．⇨ (　　) (avec *qn*/*qch*)「(〜と) 合う」203 327
(2) 叔父はそろそろ40歳だ．⇨ (　　) sur＋年齢「〜に近づく」
(3) 人生には苦労がつきものだ．
⇨ ne pas (　　) sans *qch*「〜なしでは済まない」

☐ 234 (1) このフランス語の表現を日本語に訳すのは難しい．239
(2) 吐き気がします．
⇨ avoir envie de (　　)「吐き気がする」＝vomir
(3) この商売はもうからない．⇨「利益をあげる」365

☐ 235 (1) この教室には200人入れる．⇨「〜の容量〔収容力〕がある」370
(2) その事は確かだと思う．⇨ (　　) A pour B「AをBとみなす」554
(3) たってお望みならば．⇨ (　　) à＋*inf.*「〜することを強く望む」269

解答 231 **mettre** 232 **faire** 233 **aller** 234 **rendre**
235 **tenir**

練習問題12

下記の(1) (2) 2つの文章に共通に入る前置詞を答えなさい．なお，解答は重複してもかまいません．

□ 236 (1) C'est (　　　) quel sujet?
(2) Cet enfant dormait (　　　) poings fermés.

□ 237 (1) Je n'ai pas encore pu mettre la main (　　　) ce livre.
(2) Il a mis le doigt (　　　) la difficulté.

□ 238 (1) Je suis (　　　) la peine de mort.
(2) La chance est (　　　) moi.

□ 239 (1) J'ai arrêté mon attention (　　　) cette petite fille.
(2) Il y a beaucoup de châteaux (　　　) la Loire.

□ 240 (1) Vous devez avoir soin (　　　) votre chien.
(2) Elle nous a fait part (　　　) ses projets.

□ 241 (1) Louise est toujours (　　　) uniforme.
(2) Je n'ai plus confiance (　　　) vous.

□ 242 (1) Je me fie (　　　) votre jugement.
(2) J'ai emprunté 100 euros (　　　) mon amie.

■ 解答・解説

☐ 236 (1) 何の話ですか．⇨ (　　) quel sujet **511**
(2) その子供はぐっすりと眠っていた．**560**

☐ 237 (1) 私はまだその本が見つからなかった．**563**
(2) 彼は問題点を明らかにした．
⇨ mettre le doigt sur *qch*「(問題点等を) ハッキリさせる」

☐ 238 (1) 私は死刑には反対だ．**074**
(2) 私は運がよくない．⇨「～に反して」**074**

☐ 239 (1) 私はあの少女に注意を向けた．**555**
(2) ロワール川沿いには多くの城がある．**039**

☐ 240 (1) あなたは飼い犬の世話をしなければならない．**519**
(2) 彼女は私たちに彼女の計画を知らせてくれた．**516**

☐ 241 (1) ルイーズはいつも制服姿だ．**023**
(2) もうあなたを信じられない．**590 464 161**

☐ 242 (1) あなたの判断に任せます．**590**
(2) 私は女友達から100ユーロ借りた．**558**

解答 236 **à** 237 **sur** 238 **contre** 239 **sur** 240 **de**
241 **en** 242 **à**

練習問題13

下記の(1) (2) 2つの文章に共通に入る前置詞を答えなさい．なお，解答は重複してもかまいません．

□ 243 (1) Il est courageux (　　　) nature.
(2) Cet homme m'a saisi (　　　) le bras.

□ 244 (1) Il écoutait le bulletin d'informations (　　　) intérêt.
(2) Son opinion sur ce projet est en opposition (　　　) la vôtre.

□ 245 (1) Mon père a consacré le reste de sa vie (　　　) un être cher.
(2) Elle a nié d'abord, mais (　　　) la fin, elle a reconnu ses torts.

□ 246 (1) Rien de nouveau (　　　) le soleil.
(2) Le projet a été approuvé (　　　) condition.

□ 247 (1) Ce plan a été voté à dix voix (　　　) trois.
(2) J'ai envoyé ce colis (　　　) remboursement.

□ 248 (1) Il faut qu'elle réussisse (　　　) tout prix.
(2) Cet enfant tient toujours tête (　　　) ses parents.

□ 249 (1) Une secrétaire mettait de l'ordre (　　　) ses affaires.
(2) Vous êtes fort (　　　) ce domaine?

□ 250 (1) Nous devons prendre (　　　) main l'éducation de ces enfants.
(2) J'ai plaidé (　　　) faveur des pauvres.

■ 解答・解説

☐ 243 (1) 彼は生まれつき勇気がある. 317
(2) その男は私の腕をつかんだ.
⇨ saisir *qn* (　　) le bras　*cf.* 033

☐ 244 (1) 彼は興味を持ってニュースを聴いていた. *cf.* 054
(2) その計画について彼〔彼女〕の意見はあなたとは正反対だ. 534

☐ 245 (1) 父は愛するもののために余生を捧げた. 532
(2) 彼女は最初否定したが, 結局非を認めた. 499 283

☐ 246 (1) ((諺)) 太陽の下に新しきものなし.『伝道の書』044
(2) その案は条件付きで承認された. 046

☐ 247 (1) その計画は10対3で可決された. 075
(2) 私はその小包を代金引き換えで送った. 075

☐ 248 (1) 彼女にはぜひとも成功してもらわなくてはならない. 125
(2) その子はいつも両親に反抗する. 571

☐ 249 (1) 秘書は事務整理をしていた. 544
(2) あなたはその分野に明るいですか. 028

☐ 250 (1) 私たちはその子供たちの教育に責任を負わなくてはならない. 564
(2) 私は貧しい人達の味方をした. 509

解答 243 **par**　244 **avec**　245 **à**　246 **sous**　247 **contre**
248 **à**　249 **dans**　250 **en**

索　引

この索引は『重要表現・熟語』の項目で扱った表現をアルファベ順に並べたものです．各表現の右に記してある数字は本書中の整理番号を指しています．なお，練習問題でのみ扱った熟語も載せています．その際，整理番号を（　）でくくり練習問題の番号であることを明示しました．

注意

①〔　〕の置き換え可能な語のある熟語については原則として分けて掲載しています．

例：*faire bon [mauvais] ménage avec qn*

⇨ *faire bon ménage avec qn* 384

⇨ *faire mauvais ménage avec qn* 384

ただし，置き換え可能な語が複数あっても比較的索引内で探しやすい熟語についてはその限りではありません．

例：*être large [long, haut] de*＋〔数字〕＋〔単位〕 398

②（　）の省略可能な語のある熟語については原則として省略した場合と省略しない場合の2ヵ所にアルファベ順で掲載しています．

③ 索引の有効性と引きやすさを高めるために *qn*, *qch*（あるいは *A*, *B*）をアルファベ順で省いたケースと省かないケースを重複して掲載している語があります．

[A]

[B]

[C]

[D]

[E]

[F]

[G]

[H]

[I]

[J]

[N]

[O]

[P]

[Q]

[R]

[T]

[Y]

おわりに

これまで，仏検に関する単語集・教科書・参考書を書き下ろしてきましたが，本書ほど試行錯誤を繰り返した１冊はありません．

「フランス語重要表現・熟語」とは何なのか？　まず，その選択に悩みました．しかも，仏検中級・上級レベルに則した「重要表現・熟語」でなくてはなりません．その意味で，市販の熟語集をそのまま活用することはできません．そこで，当然のことですが，仏検の過去問題（出題傾向）を自分なりにすべて分析しました．あわせて，熟語に限らず，単語（特に名詞・形容詞）の仏検頻度をチェックしつつ，今後出題が予想される重要表現・熟語を１つ１つ拾いあげていきました（この作業を進める際に，ラルース『やさしい仏仏辞典』（niveau 1・2）と『現代仏仏辞典』〔いずれも駿河台出版社刊〕が強力な援軍となりました）．

ついで，気を配ったのは，前置詞を中心とした仏検必須表現・語法をどのように展開したらよいのかという点です．具体的には，中級レベルの受験者がどんな表現で躓きやすいのか，どういう語彙を混同しやすいのか，そうした点をきちんとチェックする必要があるからです．そのために，すでに仏検４級・３級に合格している学生の皆さん，あるいは，２級に合格している学生・大学院生・社会人の方たちに協力を仰ぎ，多様な角度から分析を繰り返しました．紙幅の都合もあり逐一お名前は記しませんが，ご協力，感謝いたします．本書に記した数々の「＊注意」「⇨」「*cf.*」等の情報はこうした協力が結実したものです．

練習問題の作成にも気を配りました．もちろん，仏検の過去問題と同じ出題形式のものもありますが，今後，出題が予想される形式も積極的にとり入れています．また，実際の仏検の出題より少し高いレベルに設問を設定することで，自信をもって本番に臨むことができるよう配慮しました．

暗記のしやすさ，見やすさ（版面）にもこだわりました．本書では複数の活字，ならびに多様なポイント（活字の大きさ）を使って，何度も見本を組み直したのです．各頁ごとに，見出し語ごとの行間が微妙に変えてあるのも，できるだけ見開きで構成したいという思いを具現したからたためです．この点，本書の組みを担当いただいたユーピー工芸には心から感謝しています．

フランス語のチェックは，初等フランス語教育のプロでおいでの Pascale Mangematin 先生にお願いしました．本当にありがとうございました．また，いつものことながら，駿河台出版社の上野名保子様，上野大介様にはお世話になりました．衷心より感謝いたします．

そして，最後に本書を手にとってくださったあなたに感謝の言葉を贈ります．「仏検合格」「フランス語の実力アップ」――心よりお祈り申しあげます．

著　者

参考文献一覧

「実用フランス語技能検定試験」(仏検) に出題された問題の他に，主に以下の文献を参照いたしました.

Dictionnaire du français langue étrangère, niveau 1·2, Larousse
Dictionnaire du français contemporain, Larousse
＊上記の3冊は駿河台出版社から復刻刊行されています.
Dictionnaire des synonymes, Hachette
Dictionnaire des locutions idiomatiques françaises, L.G.F.
Dictionnaire étymologique de la langue française, P.U.F.
M. Grevisse, Le Bon Usage, Duculot
『小学館・ロベール仏和大辞典』(小学館)
『ロワイヤル仏和中辞典』(旺文社)
『プチ・ロワイヤル仏和辞典〔改訂新版〕』(旺文社)
『ル・ディコ　現代フランス語辞典(第二版)』(白水社)
『プログレッシブ仏和辞典』(小学館)
『コンコルド和仏辞典』(白水社)
『現代フランス語法辞典』(大修館書店)
『現代フランス前置詞活用辞典』(大修館書店)
『英語前置詞活用辞典』(大修館書店)
『フランス文法辞典』(白水社)
『フランス語基本熟語集』(白水社)
『パターンで覚えるフランス基本熟語』(白水社)
『フランス語熟語集』(駿河台出版社)
『コレクション・フランス語〔8〕語彙』(白水社)
『フランス語文法問題の解き方(解説篇)』(駿河台出版社)
『(改訂版) でる順・仏検単語集』(駿河台出版社)
『〈仏検〉準1級·2級必須単語集』(白水社)
『〈2級対応〉でる順・仏検単語集』(駿河台出版社)
＊最後は本書の姉妹編. 本書で扱った表現の頻度順の論拠となる1冊です.

著者略歴

久松健一（ひさまつ　けんいち）

東京都出身，現在，明治大学教授．フランス語（あるいは英語）をめぐる出版物をかれこれ30年，コンスタントに書き続けている．近著として『フランス語単語大全 DELF A1, A2 レベル対応［練習問題806題で広角化する］／［キーワード1687語を一望する］』，『〈中級文法への道標〉英語ができればフランス語ここに極まる！』，『日本人のための上級フランス語単語』（駿河台出版社），『［日常頻出順］中学レベルの英単語をフランス語単語へ橋渡しする』（語研），『仏英日例文辞典 POLYGLOTTE』（IBC パブリッシング）などがある．現在は，DELF-DALF の全レベルを視野に入れた「単語集・問題集」を具体化することに注力している．

［改訂版］〈仏検２級・準２級・３級対応〉

フランス語重要表現・熟語集

© 久　松　健　一 著

1999.　9. 20　初版発行
2019.　3. 28　18刷発行
2024.　7. 29　改訂版初版発行

定価（本体 1900 円＋税）

発行者　上 野 名 保 子

発行所　〒101-0062 東京都千代田区神田駿河台３の７
電話 03(3291)1676　FAX 03(3291)1675
株式会社 **駿河台出版社**

製版・印刷　フォレスト

ISBN978-4-411-00576-2 C1085　¥1900E

http://www.e-surugadai.com